MINECRAFT

CRÓNICAS DE LA ESPADA

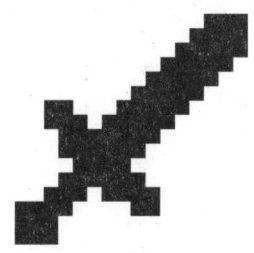

Editado por HarperCollins Ibérica, S. A.
Avenida de Burgos, 8B - Planta 18
28036 Madrid
www.harpercollinsiberica.com

Título original: *Into the Game*
Publicado por primera vez en Gran Bretaña en 2019 por Egmont UK Limited
Publicado por primera vez en Estados Unidos por Random House Children's Books
y en Canadá por Penguin Random House Canada Limited.
© 2026, Mojang AB. Todos los derechos reservados. Minecraft, el logotipo
de Minecraft, el logotipo de Mojang Studios y el logotipo de Creeper son marcas
registradas del grupo de compañías de Microsoft.
© de la traducción: Xavier Beltrán, 2026
© 2026, HarperCollins Ibérica, S. A.

Adaptación de cubierta: equipo de HarperCollins Ibérica
Maquetación: J. A. Diseño Editorial, S. L.

ISBN: 978-84-1064-604-9
Depósito legal: M-26016-2025
Impreso en España por: Rodesa

MIXTO
Papel | Apoyando la
silvicultura responsable
FSC
www.fsc.org
FSC® C009279

MINECRAFT

DENTRO DEL JUEGO

MORGAN

ASH

HARPER

PO

JODI

SEÑO MINERVA **DOC CULPEPPER**

Prólogo

¡CÓMO EMPEZAR UNA HISTORIA DEJANDO EN VILO A LA GENTE!

Había cuatro siluetas alrededor de **una sola antorcha.** Era la única fuente de luz en el refugio subterráneo. Y todos sabían que **los monstruos no se generaban si había luz.**

—**ESTA ZONA ESTÁ DEMASIADO LLENA** —dijo una de las siluetas.

—**PODEMOS EXCAVAR MÁS** —propuso la segunda, que sujetaba un pico—. **PODRÍA HACERLA MÁS GRANDE.**

—**NO PODEMOS ARRIESGARNOS** —dijo la tercera silueta, que

había fabricado el pico y la antorcha—. **NO TENGO MATERIALES PARA FABRICAR MÁS HERRAMIENTAS. Y SI EXCAVAMOS MÁS, QUIZÁ LLEGUEMOS A UNA CUEVA O A UN POZO DE MINA, POR DONDE PODRÍAN ENTRAR LOS MONSTRUOS Y...**

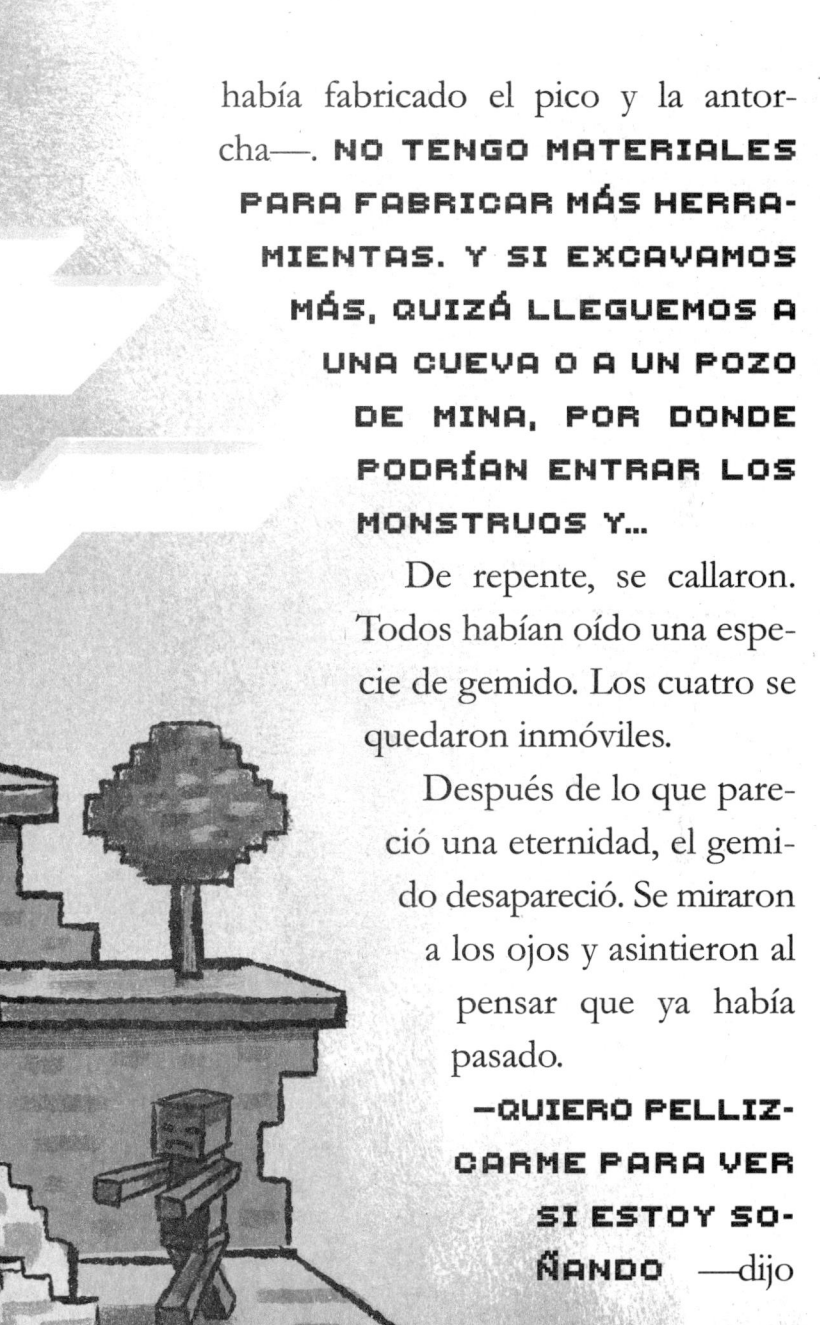

De repente, se callaron. Todos habían oído una especie de gemido. Los cuatro se quedaron inmóviles.

Después de lo que pareció una eternidad, el gemido desapareció. Se miraron a los ojos y asintieron al pensar que ya había pasado.

—**QUIERO PELLIZCARME PARA VER SI ESTOY SOÑANDO** —dijo

uno de ellos levantando una mano con forma de bloque—. **PERO ES QUE AQUÍ NO TENGO DEDOS.**

«Aquí» se refiere a Minecraft. Por imposible que pareciese, los cuatro estaban dentro de su videojuego preferido. Pero viviéndolo desde dentro de verdad. El mundo de Minecraft era real.

Esa idea no sonaba nada mal, pero había un pequeño problema:

No sabían cómo volver al mundo real.

Capítulo 1

¡PRESENTAMOS A ASH KAPOOR! ¡NINGÚN ENEMIGO PUEDE DERROTARLA! ¡NINGUNA PARED PUEDE CONTENERLA!

Ash Kapoor estaba bajo la sombra del castillo. **Ese castillo estaba maldito**, con esas ventanas oscuras y torrecillas altas y torcidas. Una bandera ondeaba al viento. Tenía la imagen de una **bestia aterradora**, y Ash no había visto a ninguna parecida. A lo lejos graznaba un cuervo.

«Cualquier otro niño ahora tendría miedo —pensó Ash—. Pero yo no. ¡Yo desayuno peligro!».

De hecho, Ash había desayunado gachas de avena.

Y tampoco estaba delante de ningún castillo viejo y espeluznante. Era su nuevo instituto,

Woodsword. Pero si lo observaba con los ojos entornados, podía imaginarse que era un **fuerte encantado,** un **templo olvidado** o una **fortaleza alienígena** de una luna lejana.

Cualquiera de esos sitios sería mejor que la verdad: Ash iba a empezar en otro instituto y volvería a ser «la nueva». Por tercera vez en tres años, su familia se había tenido que mudar por el trabajo de su madre.

Se puso bien la banda. Formaba parte de su **uniforme de exploradora salvaje** y tenía **decenas de medallas. Cada medalla era un recordatorio** de algo que Ash había hecho bien o una nueva habilidad que había adquirido. Eran pequeños trofeos que la acompañaban siempre, por muchas veces que tuviese que empezar de cero. **Frotó una medalla para que le diera buena suerte.**

—No te puedes quedar en medio de las escaleras así como así —le dijo un chico cuando se le acercó.

—Eso, **¿te has perdido** o algo? —añadió una chica, que pasó por el otro lado de Ash.

—¡No me iría mal que me echarais una mano! —exclamó Ash—. Busco el aula 247.

—Está junto al aula 246 —la informó la chica.

—Y junto a la 248 —añadió el chico—. Imposible perderse.

Ash esbozó una sonrisa.

—¡Gracias! —les dijo, aunque esa «mano» que le habían echado no la había ayudado demasiado.

Se tocó la **medalla de exploración urbana.** No era la primera vez que estaba sola en un nuevo lugar o instituto. Encontraría el aula 247 y se enfrentaría a cualquier peligro que se encontrara por el camino.

—¡Perdona! —le dijo otra voz impaciente desde detrás.

Pero antes de nada tenía que dejar de estar en medio de las escaleras.

Ash llegó tarde al aula 247. Esperaba poder entrar a hurtadillas, pero todos sus compañeros la miraron cuando cruzó la puerta.

—Toma asiento, por favor —le indicó la profesora mientras revolvía unos papeles de su mesa.

—Mmm, no tengo asiento aún —le dijo Ash—. **Soy nueva.**

—¡Ah! Eres la nueva. —La profesora la miró a los ojos. La mujer tenía el pelo encrespado y llevaba un moño sujeto con agujas de tejer, como si fuera un ovillo a medio usar—. Lo siento, querida. Antes de tomar mi primera cafetera, **estoy muy atolondrada.**

—¿No quiere decir antes de tomar una primera taza de café? —le preguntó Ash.

—Soy la señorita Minerva —cambió de tema—. ¿Por qué no te presentas al resto de la clase?

Ash se giró hacia sus nuevos compañeros. Respiró hondo, acarició la **medalla de hablar en público** para que le diera suerte y sonrió de oreja a oreja. Ya había pasado por aquello.

—¡Hola a todos! —exclamó, muy alegre—. **Me llamo Ash Kapoor.** Me acabo de mudar aquí con mi familia desde la Costa Oeste, pero

nací en Florida. Me gusta explorar, los animales y **los videojuegos.**

Un chico de la segunda fila levantó la cabeza. Señaló su carpeta, que estaba decorada con pegatinas de Minecraft.

—Sobre todo Minecraft —añadió Ash asintiendo con la cabeza. Quizá esa vez no le costaría tanto hacer amigos.

—¿Eres una amante de los animales? —dijo la señorita Minerva—. Me acabas de dar una idea. ¿Te apetece cuidar de **Don Mofletitos** durante una temporada?

El chico de la carpeta de Minecraft alzó la cabeza de nuevo. Y levantó una mano.

—¿De… Don Mofletitos? —preguntó Ash, insegura.

—El hámster de la clase —le aclaró la señorita Minerva. Y le susurró—: El nombre no se lo puse yo.

—¿Señorita Minerva? —la llamó el chico moviendo la mano.

—**Dime, Morgan.**

—Cuidar de Don Mofletitos da muchísimo trabajo. —El chico se incorporó en la silla.

—Enseñar a veinticuatro niños sí que da muchísimo trabajo, Morgan. —La señorita

Minerva suspiró—. **Don Mofletitos es un hámster.**

—Sí, parece mono —dijo Morgan Mercado—. ¡De lejos! Pero si se olvidan de él, aunque sea un poco, **se pone histérico.** Necesita comida, agua, ejercicio, sombreros chulos, estimulación intelectual…

—Entonces, no te irá mal descansar un poco del hámster, Morgan —repuso la profesora.

—No, no… —Morgan negó con la cabeza.

—No me importa —intervino Ash—. Me encanta ayudar. Empezaré hoy mismo.

—Decidido, pues —dijo la señorita Minerva—. Ash, hay un pupitre libre en el fondo del aula.

Ash se alegró bastante. El día empezaba la mar de bien. ¡Y tenía muchas cosas en común con Morgan! Al dirigirse a su asiento y pasar junto a él, lo saludó con la mano.

Morgan no le devolvió el saludo.

Capítulo 2

HIPÓTESIS: NUESTRA PROFE DE CIENCIAS PROCEDE DE UN FUTURO POSAPOCALÍPTICO

Jodi Mercado repasó el equipo que llevaba. Prismáticos: listos. Gafas de sol: listas. Abrigo: hacía demasiado calor y seguramente no lo iba a necesitar, así que lo había dejado en casa.

Había llevado a cabo una investigación. Conocía las herramientas propias de una buena **espía.**

—Aunque cuesta usar gafas de sol y prismáticos al mismo tiempo —dijo pasando de una cosa a la otra.

—**Perdona** —oyó que decía alguien detrás de ella. Jodi se dio la vuelta y vio a la nueva—. ¿Es la clase de gimnasia de segundo?

—Sí —respondió Jodi enseguida—. **¡Bienvenida!** Toma, sujétamelas, porfa. —Le dio las gafas. Los prismáticos le permitían ver mucho mejor. Vio a la **doctora Culpepper, su profesora de ciencias,** caminando por el aparcamiento del instituto con una caja llena de circuitos y cables y... una especie de aparatos.

—Disculpa que te haga otra pregunta —dijo la nueva—. ¿Dónde está el profesor de gimnasia?

—El entrenador Graham siempre llega tres minutos tarde —contestó Jodi—, así que son los mejores tres minutos del día para poner a prueba mi hipótesis.

—¿Tu hipótesis? —repitió la nueva.

—Es una suposición fundamentada —le explicó Jodi—. Intentas demostrar si es una suposición acertada o equivocada a través de la experimentación o la observación.

—Ya sé lo que es una suposición —replicó la chica—. En mi último insti, hicimos una feria de ciencias. Quería saber cuál era tu hipótesis.

—Creo que nuestra profe de ciencias viene del futuro —contestó Jodi—. Creo que **ha luchado contra robots malvados**, pero que los robots iban ganando. Por eso **ha viajado atrás hasta nuestra época** para cambiar el pasado y evitar que los robots conquisten el mundo.

La nueva se echó a reír. Pero no fue una risa cruel. Jodi sabía cómo sonaban las risas crueles.

Jodi bajó los prismáticos y continuó:

—Culpepper ha llegado este año. **Es brillante.** ¡Y doctora de verdad! La busqué por internet, y ha trabajado en **inteligencia artificial.** ¿Qué está haciendo en nuestro instituto?

—A lo mejor le gusta dar clase —dijo la nueva.

—Es una hipótesis interesante —repuso Jodi—, pero la mía me gusta más.

—Pues tengo malas noticias —comentó la nueva—. Creo que tu proyecto de ciencias se ha esfumado.

Jodi se giró y miró con los prismáticos.

—¿Cómo que se ha esfumado? —preguntó—. ¿Ha entrado en **un portal temporal?**

—He entrado en... **¡una minifurgo!** —respondió la nueva con dramatismo.

—Mmm… —murmuró Jodi, decepcionada—. Es tan normal que **es casi sospechoso...**

La nueva soltó una risita.

—Me llamo Ash, por cierto.

—Yo soy Jodi. —Jodi se apartó los prismáticos—. Te he visto esta mañana. Las dos

vamos a la clase de la señorita Minerva. ¿Eres una exploradora? **¡Tienes un montón de medallas!**

Ash asintió con la cabeza.

—Por desgracia, no existe una **medalla de espionaje.** Pero quizá te pueda ayudar igualmente. Tengo una medalla por observar a las aves. Y otra de camuflaje. Y por construir drones.

—Ah, me encanta la idea del dron —dijo Jodi—. ¡Podría pintarlo para que parezca **un fantasma!** —Se rascó la barbilla—. Pero ¿y si la doctora se apodera de él con **tecnología avanzada** del siglo veintitrés?

—Es verdad. Un dron es demasiado peligroso.

Jodi suspiró.

—De todas formas, necesito un **proyecto de ciencias real.** —Levantó la vista—. Un momento. ¿Dices que este año ya has hecho alguno?

—Sí —asintió Ash. Señaló una medalla con el dibujo de una probeta—. **Fabriqué una piñata que explotaba.** Utiliza dióxido de carbono.

—¿Una piñata que no hay que golpear? —exclamó Jodi—. ¡Es el invento del siglo!

—Las **ciencias son fáciles** —opinó Ash—. Pero hay que ser artista para darle aspecto de piñata real.

Jodi sonrió de oreja a oreja.

—¿Quieres ser mi socia? Tú te encargas de la ciencia, y yo, del arte.

—Vale. —Ash le devolvió la sonrisa.

Un fuerte silbido atravesó el aire.

—Han pasado los tres minutos —dijo Jodi—. ¡Sígueme!

Jodi era un año menor que los demás. Todos los profesores acordaron que tenía «habilidades creativas para resolver los problemas». Parecía una forma educada de decir que era lista pero impulsiva, dos rasgos compartidos por todos los miembros de la familia Mercado. Pero si su hermano solía controlarse y quedar bien delante de sus compañeros (Jodi no creía que tuviera tanto éxito), **a Jodi le gustaba seguir sus caprichos artísticos,** y no le importaba lo que pensara la gente.

Sus «habilidades creativas para resolver los problemas» hacían que fuera un poco rara, pero **no se podía negar que era lista.** Le ha-

bían permitido saltarse un curso. Por eso iba a las mismas clases que Morgan, su hermano mayor.

En la mayoría de los casos, ser menor que sus compañeros no era para tanto. Pero en gimnasia siempre notaba la diferencia. Era un poco más bajita que los demás. Eso la ponía en desventaja en casi todos los deportes.

Por eso había hecho un acuerdo con Morgan. **Lo consideraban un pacto.** Cuando le tocara a él elegir equipo, siempre la cogería a ella primero. Y, cuando le tocase a Jodi, ella escogería a Morgan primero. Así siempre estarían en el mismo equipo.

Morgan era **un buen hermano mayor.** Tanto que a Jodi le costaría hacer lo que iba a hacer: iba a romper el pacto. Esperaba que Morgan lo entendiera.

Le tocaba a Jodi elegir equipo. Y Ash la miraba con cara esperanzada, de puntillas y saludándola. Jodi se dio cuenta de que seguramente era de las pocas personas a las que Ash conocía en todo el instituto.

—Vamos, Jodi —la animó el entrenador Graham—. Elige a alguien.

Morgan dio un paso adelante.

—**Elijo a Ash** —anunció Jodi enseguida, antes de cambiar de opinión.

Ash estaba supercontenta. Corrió hasta su lado.

—Gracias —le susurró.

Jodi sintió calorcito en el pecho. Estaba convencida de **haber hecho lo correcto.** Y estaba convencida de que Morgan lo entendería.

Miró a su hermano desde la otra punta del patio.

Ay, ay. A lo mejor no lo entendía.

Capítulo 3

¡CIENCIA! SIN ELLA, NO EXISTIRÍAN LOS CARAMELOS

Varios días más tarde, Harper Houston dio un paso atrás para observar la creación de su equipo. Y sonrió.

Un volcán construido a la perfección era algo simplemente precioso.

—Espero que funcione —dijo Po Chen, uno de sus compañeros para el proyecto de ciencias.

—Funcionará —le prometió Harper—. **Es lo bonito de la ciencia.** Si sigues las instrucciones, siempre obtienes los mismos resultados. —Se giró hacia Morgan, el tercer miembro del grupo—. ¿Verdad, Morgan?

Morgan no dijo nada.

—¿Verdad, Morgan? —repitió ella.

Pero Morgan no le estaba prestando atención. Estaba mirando hacia las puertas del auditorio. Harper también se giró hacia allí. Vio a Jodi, la hermana de Morgan, con Ash, la nueva. **Llegaban con su propio proyecto.** Era alto y estaba cubierto por una sábana blanca, como el disfraz de Halloween de un fantasma.

—¿Qué es eso? —le preguntó Harper a Morgan—. ¿Tu hermana también ha hecho un volcán?

—No lo sé —contestó él—. Llevan varios días trabajando **en secreto.**

—Bueno, pues que no te distraiga —dijo Harper—. No es ninguna competición.

—Dan trofeos a los mejores proyectos. —La miró con una ceja arqueada—. Creo que eso lo convierte en una competición.

Harper suspiró. No se preocupaba por cuestiones como aquella. **Le encantaba aprender porque sí,** sobre todo ciencias. Y no necesitaba un trofeo para saber que su equipo lo había hecho muy bien.

En el auditorio había otros volcanes hechos de papel maché, arcilla y otros materiales, pero ninguno se parecía al suyo. Lo habían construido con **cien cubos del mismo tamaño** de arcilla de modelar. Era marrón y verde, con forma de bloque. Parecía recién salido de Minecraft.

Harper, Morgan y Po eran muy distintos, **pero a los tres les gustaba Minecraft.** No habían necesitado ninguna otra inspiración.

Po sacó de la mochila los últimos detalles: una botella de vinagre y un paquete de bicarbonato de sodio. Una pequeña cantidad de cada cosa provocaría una erupción del volcán. Así demostrarían a los profesores que habían entendido las reacciones químicas. **¡Y una pizca de colorante alimenticio rojo sería la guinda!**

—¿Cuál crees que es su proyecto? —preguntó Morgan. Jodi y Ash estaban colocándolo cerca de ellos. Morgan no podía quitarles los ojos de encima.

—Concéntrate, Morgan —canturreó Harper—. ¿Tienes el colorante alimenticio?

—Sí —gruñó él. Empezó a hurgar en su mochila.

En ese preciso instante, Ash y Jodi retiraron la sábana con una floritura. **Su proyecto no era un volcán.** Habían construido una piñata. Parecía un **CREEPER DE MINECRAFT,** de cuerpo verde y ojos negros. Era tan alto como Jodi.

Todos hicieron «oh» y «ah». Harper no los culpó. El creeper era increíble.

—**Pero... pero...** —murmuró Morgan, pálido—. Minecraft es lo mío.

Ash vio que las miraba. Sonrió y lo saludó.

Morgan no le devolvió el saludo.

—Minecraft no es solo tuyo —le recordó Po.

—**Pero ¡han copiado nuestra idea!** —exclamó Morgan.

—Seguro que es una coincidencia —dijo Harper.

La señorita Minerva y la doctora Culpepper contemplaron la piñata. Sonrieron y asintieron y escribieron notas en sus cuadernos. Luego Ash pidió a los profesores y a los alumnos que se apartaran para guardar una distancia de seguridad.

Ash se puso unas gafas de protección. Conectó una manguera detrás de la piñata y corrió a colocarse con los demás.

En el otro extremo de la manguera, Jodi sujetaba un bote de gas. **En la etiqueta ponía CO_2**. Harper supo que era la fórmula química del dióxido de carbono. «¿Qué tramarán?», pensó, con la mente acelerada con las posibilidades.

A una señal de Ash, Jodi giró una manecilla del tanque de CO_2. La manguera se tensó cuando el gas fue del tanque a la piñata.

Harper contuvo la respiración, emocionada por ver lo que ocurriría a continuación.

¡El creeper explotó!

Fue igual que en el juego de Minecraft, solo que este creeper llenó el suelo de caramelos.

—Increíble —comentó Harper—. Han hecho una piñata que se rompe sola.

Todos los niños soltaron gritos y carcajadas mientras **corrían para coger puñados de caramelos.** La doctora Culpepper aplaudió y la señorita Minerva miró a Jodi y a Ash con un pulgar hacia arriba.

—Ya está —anunció Morgan—. Hay que ir a lo grande.

—¿A lo grande? —preguntó Po.

—Nuestro volcán es insignificante en comparación. **¡Necesitamos una explosión mucho más grande!**

Harper negó con la cabeza.

—Es una pésima idea, Morgan. Nuestro volcán funcionará bien si nos ceñimos al plan. —Cogió las cucharitas de medir y sirvió una cucharilla de vinagre.

Pero Morgan le quitó la botella y le arrebató el bicarbonato de sodio a Po. Acercó las dos cosas al cráter del volcán.

—**¡Morgan, espera!** —exclamó Po.

—No sabemos qué pasará si… —añadió Harper.

Pero una vez más Morgan no prestó atención. Lo vertió todo en el volcán.

Al principio no sucedió nada. De pronto, el volcán empezó a rugir. Y a temblar. Y…

Hubo una explosión de líquido rojo que salpicó todo el auditorio. **Los alumnos gritaron y se dispersaron.** Al salir de la sala, dejaron atrás sus preciosos caramelos. La señorita Minerva se quedó paralizada, con el pelo lleno de espuma roja.

—Uy —murmuró Morgan.

Harper ahogó un grito. No se lo podía creer.

Capítulo 4

MODO SUPERVIVENCIA + GAFAS DE REALIDAD VIRTUAL EXPERIMENTALES = SEGURO QUE NO PASA NADA... ¿VERDAD?

Po no estaba acostumbrado a meterse en líos. Pero nunca había hecho que los de su clase quedaran empapados en espuma roja apestosa, claro. Para todo había una primera vez.

La señorita Minerva había pedido que todos fueran a limpiarse. En el auditorio solo quedaban Harper, Morgan y Po. Po esperaba que no los castigaran demasiado. La habían liado mucho, pero el bicarbonato de sodio y el vinagre no eran peligrosos.

De repente, la señorita Minerva pronunció las palabras que Po más temía oír:

—Estoy muy decepcionada con vosotros. Con los tres.

Esas palabras afectaron mucho a Po. No le gustaba decepcionar a nadie.

Miró a Harper. Su amiga tenía los ojos brillantes. Parecían decir: «**Ha sido culpa de Morgan**». También parecían decir: «Pero no puedo decirlo sin ser una chivata». Al final, añadieron: «Morgan, ahora es cuando das un paso al frente y te haces responsable de tus actos. Ahora. Ahora… mismo».

Harper tenía unos ojos muy expresivos.

Morgan dio un paso al frente. Pero no confesó.

—**¿Por qué estamos en un lío?** —preguntó—. El volcán ha hecho lo que tenía que hacer. La explosión ha sido un poco más grande de lo esperado, nada más.

La señorita Minerva negó con la cabeza. Po se removió en su silla de ruedas. Se oyó un chapoteo procedente de la «lava» de detrás.

—No seas demasiado dura con ellos, Minerva —habló una voz a sus espaldas. Po se giró y vio que la **doctora Culpepper**

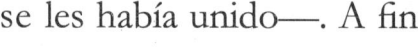

se les había unido—. A fin de cuentas, ningún científico ha conseguido nada siendo demasiado precavido.

—Eso es rotundamente falso —afirmó la señorita Minerva.

Culpepper se encogió de hombros.

—Es que me iría bien la ayuda de unos cuantos investigadores valientes para un proyecto científico personal.

Harper sonrió de oreja a oreja. Po sabía que idolatraba a la doctora.

—¿Qué vais a hacer hoy después de clase? —les preguntó la doctora, tan contenta.

La señora Minerva puso los ojos en blanco.

—¡Van a fregar el auditorio! —respondió a toda prisa.

—Ah, vale. ¿Y después? ¿Tenéis tiempo para pasaros por **el aula de informática?**

Harper y Morgan asintieron encantados. Po dudó unos segundos. Le tocaba ir a entrenamiento de baloncesto. Podría ser su excusa para evitar lo que la doctora Culpepper había pensado para ellos. Incluso para ahorrarse fregar con Morgan y Harper. Pero no le pareció justo hacerles eso a sus amigos.

—Ahí estaré —aseguró.

Cuando más tarde Po llegó al aula de informática, Harper y Morgan ya estaban allí. También vio a Jodi, la hermana de Morgan.

—Hola, Jodi —la saludó—. Habéis hecho **un creeper** espectacular. ¿Qué haces aquí con los castigados?

—No puedo volver a casa sin mi hermano mayor —contestó Jodi.

—**No estamos castigados** —la corrigió Morgan.

—A ver —dijo Harper—. La doctora dice que la hemos impresionado. Y quiere que la ayudemos. A saber de qué irá su proyecto.

—Ojalá no incluya **robots malvados** del siglo veintitrés. —Jodi sonrió.

—No seas tan pesimista, jovencita —exclamó la doctora al entrar en el aula—. Inventaremos los robots malvados mucho antes del siglo veintitrés.

Jodi puso los ojos como platos. Miró alrededor para ver si los demás habían asimilado aquella siniestra noticia.

—Voy a ir directa al grano —dijo la doctora—. Como sabéis, soy una especie de **inventora aficionada.**

Po ya lo sabía. También sabía que los inventos de la doctora tendían a generar más problemas que soluciones. Después de sus supuestas mejoras a la iluminación del baile del instituto y del club de teatro, el elenco de El cascanueces se pasó semanas viendo puntos brillantes. Y la máquina de café que había instalado en la sala de profesores servía **un café tan potente que los profesores estuvieron en vela tres días** y tres noches. Solo la señora Minerva se libró de los efectos.

—Esta vez tengo algo muy especial —les prometió. Se puso unas gafas.

—¿Son **gafas de realidad virtual?** —Harper entornó los ojos.

—¡Sí! —La doctora sonrió—. La realidad virtual hace que los espacios digitales parezcan reales. Se usan sobre todo en **videojuegos,** pero creo que pronto iremos de compras a centros comerciales virtuales. Puede que incluso vayamos a clase virtualmente.

—Pero sin ir a clase… ¡no existirá el martes de comer tacos! —Po se alarmó.

—Podría existir el martes de comer tacos **virtuales.** —Jodi le dio una palmada en el hombro.

—No sería lo mismo —murmuró él fingiendo recogerse una lágrima.

La doctora se aclaró la garganta para llamar su atención.

—He hecho **algunas mejoras** a las típicas gafas de realidad virtual. Creo. Pero necesito voluntarios para probarlas.

—A ver si lo he entendido bien —dijo Morgan—. **¿Quiere que nos quedemos después de clase a jugar a videojuegos?** Diría que estoy soñando, pero la ropa me sigue oliendo a vinagre.

La doctora les dio unas gafas a todos. Pesaban más de lo que parecía. Les salían unos cables y estaban cubiertas de símbolos azules muy raros y brillantes.

—¿Qué significan los símbolos? —preguntó Harper.

—No son más que decoración —contestó la profesora.

—¿Funcionarían con Minecraft? —quiso saber Po.

—Creo que es muy buena idea —dijo la doctora—. Estáis tan familiarizados con el juego que os daríais cuenta de si hay algo distinto. **Os daríais cuenta de si las gafas han cambiado el juego.** Dadme un minuto para preparar una red para que todos juguéis con el mismo servidor.

Po observó asombrado cómo la doctora subía un ordenador de torre a la mesa central. Tenía pinta de que lo habían juntado con piezas de varios ordenadores. Los mecanismos estaban a la vista porque las piezas no encajaban del todo. Po vio una placa base, **una maraña imposible de cables** y más memorias de tarjeta de las que creía que podía aceptar un ordenador.

—Es el monstruo de Frankenstein de los ordenadores —comentó Po.

—Es precioso —añadió Harper—. ¿Qué clase de procesador lleva?

—He tenido que crear uno yo —repuso la doctora guiñándole un ojo—. ¿Me echas una mano?

Mientras Harper toqueteaba el ordenador remendado, Po se recolocó las gafas para situárselas sobre la frente. Estaba de lo más emocionado.

El ordenador se encendió. Varios ventiladores se activaron. La doctora introdujo comandos en el tablero.

—Debería bastar —anunció. Y añadió con un tono que a Po le pareció demasiado serio—: **Buena suerte,** chicos.

Morgan se giró hacia los demás.

—¿**Modo supervivencia o modo creativo**? —les preguntó.

—Creativo —dijo Jodi, pero Po y Harper votaron por el de supervivencia.

—Pues el de supervivencia —terció Morgan—. Preparaos.

A Po se le había secado la boca. Se relamió los labios y **se puso las gafas encima de los ojos.** En lugar del aula de informática, vio un menú de juego que le sonaba mucho. Lo había visto cientos de veces, pero esa vez ocupaba todo su campo de visión.

Morgan seleccionó el modo supervivencia.

Hubo un intenso destello de luz. Po cerró los ojos.

Cuando los abrió de nuevo, lo que vio lo dejó sin aliento.

CONSTRUYENDO EL MUNDO
GENERANDO EL TERRENO

Capítulo 5

¡¡INMERSIÓN EN MINECRAFT DENTRO DE 3..., 2..., 1...!!

Igual que Po, Morgan no podía creer lo que estaba viendo. Negó con la cabeza y parpadeó. Se frotó los ojos… **con manos marrones en forma de bloque.**

Pero no solo sus manos tenían forma de bloque. Los árboles eran pilas de cubos marrones y verdes. El sol era un cuadrado amarillo en el despejado cielo azul.

—**ESTAMOS DENTRO DEL JUEGO** —dijo—. **ESTAMOS DENTRO DE MINE-CRAFT.**

Sonaba imposible. Pero Harper replicó:

—**SÍ, CREO QUE SÍ.**

—**TENÉIS RAZÓN** —intervino Po.

—**¡HALAAA!** —exclamó Jodi.

Jodi bajó una colina dando saltos y gritando de alegría hasta llegar a la base.

Morgan se la quedó mirando. Era su hermana, sí, pero parecía distinta. Como si fuese un avatar de videojuego de sí misma.

Se giró hacia los demás. **También parecían avatares.** Formados por bloques y pixelados, pero reconocibles al instante. Llevaban ropa parecida a la que vestían en el aula de informática.

—He jugado a varios juegos de realidad virtual —dijo Harper—. **ESTO ES DIFERENTE.**

—SÍ QUE LO ES —asintió Po—. No oigo los ventiladores del ordenador de la doctora, ¿vosotros sí? —Se tocó la cara—. TAMPOCO NOTO LAS GAFAS NI LA SILLA DE RUEDAS. Pero sí noto el suelo y la luz del sol. —Dio un par de saltos. Sonrió—. NO LO ESTAMOS VIENDO SIN MÁS. ES COMO SI ESTUVIÉRAMOS AQUÍ DE VERDAD.

—Quizá sí —dijo Harper—. El cerebro es un órgano misterioso. Los científicos no entienden del todo cómo funciona. ¿Y si las gafas de la doctora engañan a nuestro cerebro y nos hacen pensar que estamos aquí? Podría ser una ilusión muy elaborada.

—¿COMO UN SUEÑO? —preguntó Morgan—. ¿UN SUEÑO QUE ESTAMOS TENIENDO TODOS A LA VEZ?

—Es una hipótesis tan buena como cualquiera —comentó Harper—. A lo mejor podamos hacer un experimento para ponerla a prueba.

—¡NO, GRACIAS! —exclamó Po, tan feliz—. POR SI NO TE ACUERDAS, NUESTRO ÚLTIMO EXPERIMENTO CIENTÍFICO NO SALIÓ DEMASIADO BIEN. ¿Por qué no nos limitamos a divertirnos?

Dicho esto, Po se alejó para bajar a toda prisa la colina hasta donde Jodi corría en círculos.

Harper se acercó a un árbol. Golpeó el tronco varias veces. En cada ocasión, varias astillas de madera salían volando hasta que al final un trozo del tronco se rompió.

Morgan se encogió. **En el mundo real, la gravedad haría que el árbol se desplomara.** Pero allí, igual que en el juego, seguía en pie a pesar de que le faltaba una parte del tronco.

Harper cogió el trozo de madera que había arrancado del árbol. Cuando lo tocó, desapareció con un chasquido.

—**¿A DÓNDE HA IDO?** —dijo Morgan.

—**BUENA PREGUNTA** —contestó Harper.

Agitó las manos en el aire. Puso unas muecas muy raras con la cara.

—**¿TE ENCUENTRAS BIEN?**

—Intento adivinar cómo... ¡Ajá! —gritó—. **SI PARPADEAS RÁPIDO**

DOS VECES, COMO SI HICIERAS DO-
BLE CLIC CON UN RATÓN, ¡APARECE
TU INVENTARIO!

—QUÉ COSA MÁS RARA —dijo Mor-
gan. Pero decidió probarlo. Hizo doble clic
con los ojos. Pues sí, apareció un menú con
el inventario, que le impedía ver a Harper. Se
parecía a una estantería vacía flotante.

Morgan vio también una hilera de corazo-
nes y una hilera de comida.

—TAMBIÉN TENEMOS BARRA DE
SALUD Y DE HAMBRE —anunció. Volvió
a hacer doble clic con los ojos, y la interfaz
desapareció.

—QUIERO PROBAR UNA COSA —di-
jo Harper. Morgan vio cómo movía los ojos y
los dedos—. TENGO UN BLOQUE DE RO-
BLE. SI PUEDO USARLO PARA CONS-
TRUIR CUATRO TABLONES...

Cerró los ojos. De repente, se oyó un golpe, y delante de ella apareció una mesa.

Era una mesa de trabajo.

—¡HARPER! —exclamó Morgan—. QUÉ
PASADA.

—Y NO HE ACABADO AÚN. —Sonrió y arrancó más partes del trozo—. Ahora tengo dos bloques de roble. Cada uno crea cuatro tablones, así que… —Cerró los ojos. Se oyó otro chasquido—. **TENGO OCHO TABLONES. UTILIZARÉ UNO PARA CONSTRUIR UN MONTÓN DE PALOS, Y SI LUEGO USO LA MESA DE TRABAJO…**

Morgan presenció cómo sucedía. Harper flexionó un poco la mano, y un pico de madera apareció de la nada.

Bueno, de la nada exactamente no. Lo había creado con los materiales que había cogido del árbol.

Morgan se emocionó mucho. **Estar dentro de un videojuego molaba una barbaridad.** Y estar dentro de un videojuego en el que podría crear casi cualquier cosa que imaginara molaba más todavía.

Esperaba acordarse de algunas recetas. Allí no tenía sus guías.

Morgan empezó a dar puñetazos por el entorno para llenarse el inventario. De la hierba alta consiguió **roble, tierra y unas cuantas semillas.** Eran cosas básicas, pero sabía que podrían resultarle útiles.

Miró hacia un lado y vio que Harper observaba maravillada el árbol flotante.

—ES QUE PARECE MUY REAL —dijo.

Po perseguía un rebaño de ovejas. Jodi construía una estatua parecida a una esfinge con bloques de tierra.

A medida que avanzaba la tarde, el sol fue descendiendo por el cielo. Morgan pensó que deberían volver a casa.

—EH —exclamó—. EN EL INVENTARIO NO HAY NINGUNA OPCIÓN PARA DESCONECTARSE, ¿NO?

Harper se alejó del árbol.

—NO —respondió—. NO HE PODIDO ENCONTRAR NINGUNA ESPECIE DE MENÚ.

Morgan se tocó la cara. Seguía sin notar las gafas de realidad virtual. No notaba ninguna parte de su cuerpo real.

—**¿CÓMO SALIMOS DE AQUÍ?** —preguntó.

Harper se quedó pensando unos segundos.

—**UNA PREGUNTA EXCELENTE** —replicó.

—Debemos averiguarlo. —Volvió a mirar hacia el cielo y el sol del atardecer—. **PERO ANTES HAY QUE ENCONTRAR UN REFUGIO.**

—¿Por qué? —le preguntó ella—. **SI ACABAMOS DE LLEGAR. ¡TENEMOS QUE EXPLORAR!**

—Pero es que pronto anochecerá —dijo Morgan—. Y cuando hemos empezado el juego…

—**AH. CLARO** —lo entendió Harper—. **LO HEMOS PUESTO EN MODO SUPERVIVENCIA.**

Encontrar refugio fue muy fácil. Harper utilizó el pico para excavar la colina. Siguió excavando hasta crear un **agujero cavernoso** lo bastante grande para que cupieran todos.

Antes de poder cerrar la entrada con tierra, necesitaban una forma de generar luz. Nadie quería quedarse atrapado bajo tierra en una oscuridad total.

—PODRÍAMOS EXCAVAR PARA ENCONTRAR HULLA —propuso Po.

—Suena peligroso —opinó Morgan—. CUANTO MÁS EXCAVEMOS, MÁS PROBABILIDADES HAY DE ENCONTRAR UN POZO DE MINA.

—¿Y eso es malo? —preguntó Jodi.

—SI ESTÁ LLENO DE CRIATURAS HOSTILES, sí —contestó Morgan.

—MORGAN, ANTES TE HE VISTO COGIENDO LOS ADOQUINES QUE HE EXCAVADO. —A Harper se le había ocurrido una idea—. ¿TIENES POR LO MENOS OCHO BLOQUES?

Morgan cerró los ojos. Vio en el inventario todo lo que había cogido hasta el momento. Tenía doce bloques de adoquines.

—sí —dijo.

—PUES PODRÍAMOS CONSTRUIR UN HORNO —anunció Harper—. Y con un horno y algo de madera que quemar…

—PODREMOS HACER CARBÓN —terminó Morgan la frase—. ¡Y LUEGO UNA ANTORCHA! HAGÁMOSLO.

Afuera ya había oscurecido del todo. A lo lejos, Morgan oyó el gruñido inconfundible de un zombi.

—Y HAGÁMOSLO RÁPIDO —añadió.

Capítulo 6

CONTAR OVEJAS: ¡REMEDIO PARA EL INSOMNIO! ¡DIVERTIDA ACTIVIDAD GRUPAL!

Jodi fue la primera en salir a la noche.

Todo estaba en silencio. La única fuente de luz era la luna del cielo y la antorcha que llevaba Morgan. La luna pixelada era fría y espeluznante, pero la luz de la antorcha era cálida y suave.

Escuchó los ruidos de las criaturas. Miró si se movía algo a su alrededor.

—NO HAY NADIE —susurró—. **VAMOS.**

Apiñados en el escondrijo, habían tenido que urdir un plan.

Siempre que uno de ellos quisiera abandonar la partida, se iría a dormir a una cama. Así era como iban a establecer **un nuevo punto de regeneración.** Morgan pensaba que sería lo más cerca que estarían de «desconectarse».

No sabían si funcionaría, pero era el mejor plan que tenían.

Sin embargo, para construir una cama **iban a necesitar lana.** Para conseguir lana sin hacerles daño a las ovejas, necesitarían tijeras. Para construir tijeras, necesitaban hierro.

Y por eso debían **seguir excavando** en el agujero. Justamente lo que Morgan les había advertido que no hicieran.

Pero tuvieron suerte: encontraron mineral de hierro antes de dar con nada peligroso. Para extraerlo, **Harper mejoró su pico,** que pasó de ser de madera a ser de piedra.

Harper le explicó a Jodi que así era como funcionaba el modo supervivencia. Se obtenían cosas para construir mejores cosas. Con la esperanza de no toparte con ningún monstruo sin estar preparado.

Jodi se quedó con los nervios a flor de piel.

—SOLO QUIERO RECORDAROS A TODOS QUE YO VOTÉ POR EL MODO CREATIVO —susurró.

Por lo menos iban ya por la última fase del plan. Tan solo debían volver junto a las ovejas que habían visto unas horas antes.

Un corto trayecto los separaba del claro donde se habían generado, pero cuando llegaron…

—NO HAY OVEJAS —observó Morgan.

—BEEEE, BEEEE—exclamó Jodi—. ¿LO HAGO BIEN? BEEEE…

—¿A lo mejor habría que esperar a mañana? —propuso Po.

—No creo que podamos esperar tanto —dijo Harper—. **EMPIEZO A TENER HAMBRE. ¿NADIE MÁS?**

Los demás asintieron. Jodi se dio cuenta de que también tenía hambre.

—Ahora te entiendo —comentó Morgan—. **SI AQUÍ EL HAMBRE FUNCIONA COMO EN EL JUEGO...**

—PRONTO EMPEZAREMOS A PERDER SALUD —terminó Harper por él.

—Pues no pinta nada bien —dijo Po.

—Por lo menos sabemos cómo funciona el juego —terció Morgan—. Si estamos atrapados aquí, podemos cazar para tener comida y construir un mejor refugio.

—Ese será nuestro plan B —dijo Po—. **SIGO QUERIENDO PROBAR LO DE LA CAMA.**

—Los balidos de Jodi me han dado una idea. —Morgan asintió—. Quedémonos callados un rato.

Siempre que Morgan le pedía que se quedara callada, a Jodi le gustaba hacer lo contrario. Pero esa vez decidió hacerle caso.

Y se alegró mucho. Se quedaron en silencio unos segundos antes de oír ruidos a lo lejos.

—¡SON OVEJAS! —exclamó Jodi—. POR AQUÍ.

Jodi echó a correr por la hierba. Los demás la seguían de cerca. Se detuvieron cuando el prado terminó delante de una fila de árboles.

—AQUÍ ESTÁ MÁS OSCURO —susurró Morgan levantando la antorcha.

Las ovejas balaban detrás de los árboles.

—HAY QUE SER VALIENTE —dijo Jodi. Le tembló un poco la voz. No sonó convencida. **Daba mucho más miedo estar allí en persona que verlo en una pantalla.**

Atravesaron los árboles. Por suerte, no se trataba de un gran bosque, sino de una pequeña arboleda. Enseguida llegaron al otro lado. Las ovejas pastaban en un claro.

Harper sacó las tijeras y se las dio a Jodi.

—VAS A TENER QUE HACERLO RÁPIDO —le dijo Harper—. **QUE NO SE ESCAPEN.**

—Tienes razón —respondió Jodi—. Esta vez, ir rápido con unas tijeras es buena idea.

Jodi consiguió tres mechones de lana antes de que las ovejas huyeran entre los árboles. Era suficiente para construir una sola cama.

De regreso al escondrijo, Harper dispuso la lana y los tablones de madera siguiendo la secuencia adecuada. Se oyó un chasquido, y de

repente ante ellos apareció una cama.

—**MUY BIEN** —dijo Harper—. **¿QUIÉN SERÁ EL PRIMERO?**

—Jodi es la más joven. Debería ser la primera —opinó Morgan.

—**¿QUÉ TIENE QUE VER MI EDAD CON TODO ESTO?** —se indignó Jodi.

—**¡SHHH!** —murmuró Po.

El gemido había vuelto. Sonaba más cerca que antes.

—**NO DISCUTAMOS, JODI** —le dijo Morgan—. **TÚ SERÁS LA PRIMERA.**

—Muy bien —cedió ella. Dio un paso hacia la cama—. **PERO SI ESPERÁIS QUE ME DUERMA CON TANTO RUIDO...**

Antes de que pudiera terminar la frase, todo se quedó a oscuras. Jodi notó el peso de las gafas sobre la cara.

Enseguida se las quitó. **Había vuelto al aula de informática y al mundo real.**

Miró alrededor. Morgan, Harper y Po seguían llevando las gafas y estaban totalmente inmóviles. Le dio un golpecito a Morgan y luego lo pellizcó. Nada. Era como si la mente de él estuviese en otro sitio. Pero cualquiera que lo viese pensaría que estaba muy interesado en el juego.

Se oían fuertes susurros procedentes del rincón de la sala, y Jodi se giró. Vio a la señorita Minerva y a la doctora Culpepper. Aunque hablaban en voz baja, agitaban los brazos y meneaban las cejas. Parecía que estaban discutiendo.

La señorita Minerva vio que Jodi las observaba y esbozó una sonrisa radiante.

—Jodi —la llamó.

—¡Señorita Minerva! —exclamó ella—. **¡Doctora! El juego… es real. ¡Hemos estado dentro de Minecraft!**

—Sí, la realidad virtual a veces parece superreal —se rio la doctora.

—No lo entiende. —Jodi negó con la cabeza—. Ha sido… Estábamos…

—Nos ha gustado muchísimo —dijo Morgan—. Doctora Culpepper, **sus gafas de**

realidad virtual funcionan a la perfección.

Jodi dio media vuelta. Morgan estaba a su lado.

Él le guiñó un ojo, como si quisiera decirle: «Confía en mí».

—¿No habéis visto nada inesperado? —les preguntó la señorita Minerva—. **Los inventos de la doctora en ocasiones son... raros.**

—No, señorita —respondió Morgan—. Era una partida normal de Minecraft. Quizá un poco más realista, pero ya está.

«¿Un poco?», pensó Jodi.

—¿Lo ves, Minerva? —le dijo la doctora—. No había nada de lo que preocuparse.

La señorita Minerva no estaba convencida.

—¿Cree… que podríamos volver a usarlas algún día? —le preguntó Morgan.

Jodi no podía creer lo que estaba oyendo.

—¿Quieres volver a pasar por eso? —le preguntó a él.

—Espero que sí —repuso la doctora—. Necesito una lista exhaustiva de cualquier error que encontréis. Cualquier cosa que parezca extraña o rota. Hasta que acabe el proyecto, voy a dejaros seis gafas.

—¡Qué guay! —se emocionó Morgan.

Las dos profesoras se lo quedaron mirando.

—Quiero decir… No se preocupen, las cuidaremos muy bien —aclaró.

—Eso está mejor —dijo la señorita Minerva.

Jodi vio que Harper se había quitado las gafas y se frotaba los ojos. Po también se movía.

Llevó aparte a su hermano.

—¿Qué estás haciendo? —le preguntó.

—¿Qué estás haciendo tú? —rebatió él—. Ha sido increíble. Si los adultos creen que ha sido peligroso, no nos dejarán volver.

—Es que ha sido peligroso —insistió Jodi—. Hace cinco minutos, pensaba que **un zombi nos iba a devorar.**

—Los zombis no son tan peligrosos si sabes cómo llevarlos —dijo Morgan—. No estábamos preparados. La próxima vez lo estaremos.

Jodi frunció el ceño. «Los zombis no son tan peligrosos», **eso sonaba a las últimas palabras de alguien.**

—Bueno. —Morgan se giró hacia Harper y Po—. ¿Queréis que quedemos aquí el lunes después de clase?

Los dos sonrieron.

Jodi volvía a perder contra la mayoría. Pero al final no pudo evitarlo y también sonrió. **La valentía era contagiosa.**

Y ya estaba intentando decidir qué construiría en primer lugar.

Capítulo 7

¡EN PARTE ÁRBOL! ¡EN PARTE CASA! ¡EN PARTE MATERIAL RECICLADO!

Por lo general, a Morgan le encantaban los fines de semana. Sin embargo, no podía pensar en nada que no fuese volver a ponerse las gafas de la doctora y entrar de nuevo en Minecraft.

Podía jugar en casa sin las gafas, claro. Pero el tiempo que podía dedicar a las pantallas era limitado, y Po y Harper no estaban disponibles para apuntarse al modo multijugador. **Entró un rato en el juego y repasó recetas de fabricación.** Incluso luchó contra zombis. Fue una buena manera de practicar.

En el juego compartido de realidad virtual necesitaban mejores herramientas. Algunas armas y armaduras los protegerían. El lunes lo propondría.

Mientras tanto, **solo veía Minecraft por todas partes.**

El viernes por la noche, fue al supermercado con su padre. En el pasillo de los cereales, se le nubló la vista. Los paquetes de cereales se emborronaron. Parecían bloques de mineral colorido. Vio **esmeralda y oro** y su preferido: lapislázuli.

El sábado por la mañana, ayudó a sus padres con el jardín. El viento mecía los árboles. Vio los árboles como bloques verdes situados encima de bloques marrones. Se imaginó todas las cosas que podría construir con la madera: **un escudo, una barca, una cabaña.**

El domingo por la tarde, sintió que se le agotaban las fuerzas vitales igual que si una araña venenosa de las cuevas lo hubiera envenenado: Ash Kapoor organizaba una fiesta. Y su hermana no dejaba de recordarle que estaba invitado.

—Será divertido —le prometió Jodi—. Ash es muy maja. Y toda la clase irá.

Morgan gruñó.

Cuando Jodi y él llegaron a la casa de Ash, oyeron gritos de alegría procedentes del patio trasero. Siguieron un camino estrecho alrededor de la casa y cruzaron una puerta abierta.

Todos sus compañeros estaban ahi, tal como Jodi le había asegurado. Los chicos trepaban, bajaban y reptaban por una estructura enorme.

—¿Qué es eso? —preguntó Morgan.

—**¡Es una casa del árbol!** —respondió Jodi—. ¡Es la casa del árbol más chula que he visto nunca!

Morgan debía admitir que era impresionante. Era grande y colorida, con puentes de cuerda y trampillas, un tobogán de plástico y torrecillas. Por la ventana de la segunda planta, Morgan vio cojines mullidos y una librería. Era como si hubieran fusionado un patio y una biblioteca.

Po estaba en un columpio. Los saludó emocionado al pasar cerca de ellos. Harper los miraba desde un piso superior. También los saludó.

—¡Eh, subid aquí! —exclamó—. **Tenéis que ver estas vistas.**

Morgan y Jodi se sonrieron.

—Te echo una carrera —dijo Morgan.

—¡Yo subiré por la pared de escalada! —anunció Jodi.

Jodi lo derrotó y llegó primera arriba, pero solo por unos pocos segundos.

Harper no bromeaba. Eran unas vistas espectaculares. La casa de Ash se encontraba junto a un bosque muy extenso. La casa del árbol ofrecía vistas a un montón de copas verdes.

Morgan se fijó en **las letras QAV talladas en la barandilla de madera.**

—¿Qué significa? —pregunto—. ¿«Qué apasionantes vistas»?

—Quinn Alice Vega —contestó Ash. Morgan se giró y vio que estaba a su lado—. Quinn era una amiga mía de California —añadió—. Me ayudó a construir esta plataforma y la barandilla. Decía que la mejor parte de estar en una casa del árbol era ver a kilómetros a la redonda. —Hizo una breve pausa. **Morgan se dio cuenta de que acariciaba distraída la medalla de carpintería de su banda**—. Venid. Seguidme.

Morgan, Jodi y Harper la siguieron hasta la otra punta de la plataforma. Se detuvo junto a la puerta de la agradable sala de lectura. Señaló hacia otras iniciales grabadas en el viejo marco de la puerta: «LWE».

—Luanne era una ávida lectora. Decía que una casa del árbol necesitaba espacio para libros.

—Un momento —dijo Morgan—. ¿La construiste con tus amigos?

—Sí. —Ash asintió—. **Con mi tropa de exploradores salvajes** de California. Colaboramos todos. Una pizca de la personalidad de cada persona se ha quedado en la zona en la que trabajó más.

—Normal que sea tan fantástica —comento Jodi—. ¡Es una casa de la amistad!

—Y también es muy sólida —observó Harper. **Dio unos cuantos saltos** y asintió para aprobar la robustez.

—Viniendo de ella es un piropo —susurró Jodi.

—Pero ¿cómo trasladaste la casa desde California? —le preguntó Harper.

—No fue fácil, pero mis padres encontraron una forma. Cuando me dijeron que nos mudábamos otra vez, me negué a acompañarlos. **Les dije que no podia dejar la casa del árbol** después de haberme esforzado tanto en construirla. Por eso mi madre pidió a sus amigos ingenieros que la dividieran y nos dieron instrucciones sobre cómo volver a juntarla.

—Un puzle la mar de divertido —dijo Harper—. El rompecabezas más chulo del mundo.

—Tus padres tuvieron **una idea muy inteligente** —opinó Jodi.

—Pues sí —asintió Ash con voz triste—. Después de eso, me dijeron: «Ahora no tienes razones de peso para querer quedarte en California». Como si mis amigos no fueran una razón de peso.

Harper y Jodi asintieron. Seguramente se estaban imaginando cómo sería mudarse y empezar de cero en otro sitio.

Por primera vez, Morgan se dio cuenta de lo difícil que debía de ser para Ash. **La comprendía un poco mejor,** aunque todavía no estaba preparado para recibirla con los brazos abiertos. Siempre tenía miedo de que apareciera alguien más guay que él y que le robara a sus amigos. Y por el momento Ash parecía bastante guay.

Vio que Jodi ponía una mueca rara. Arrugó un poco la nariz y se mordió el labio mientras se mecía sobre los talones.

Morgan conocía esa expresión. Le estaba costando horrores no decir algo. **¡Quería contarle a Ash su aventura en Minecraft!**

Pero Morgan le había hecho prometer que no se lo diría a nadie, y sabía que su hermana guardaría el secreto.

Ash estaría muy bien por su cuenta. No debían sentir lástima por ella. A fin de cuentas, tenía esa casa del árbol tan espectacular. Y, cuando sus compañeros volvieran a sus casas ese día, la tendría toda para ella solita. **¿A que sería una pasada?**

Capítulo 8

ARAÑAS: ¡NO SON INSECTOS! ¡TAMPOCO SON AMIGAS!

Harper se preguntó si las gafas de realidad virtual funcionarían por segunda vez. Seguía sin comprender la ciencia de su funcionamiento. **¿Y si toda la aventura había sido una especie de sueño raro?**

El lunes por la tarde, se reencontró con los demás en el aula de informática. La señorita Minerva estaba allí, leyendo un libro —los chicos sabían que le encantaban las novelas de **ciencia ficción y fantasía**— en un despachito que quedaba en un rincón. La profesora saludó a Harper a través del cristal.

La doctora Culpepper no estaba por ninguna parte. Harper pensaba que la profesora de ciencias seguramente ya hubiese pasado a su siguiente proyecto. La mayoría de los genios actuaban así: no se quedaban mucho tiempo quietos.

Pero Harper era incapaz de dejar un puzle sin resolver. Y en esos momentos las gafas de realidad virtual eran el mayor de los misterios.

Contuvo la respiración y se puso las gafas. Hubo un destello de luz, y de pronto sus amigos y ella habían vuelto al escondrijo. La cama, la antorcha, la mesa de trabajo y el horno estaban donde los habían dejado.

—CÓMO MOLA —dijo Harper.

—Mucho más que la casa del árbol —replicó Morgan.

—MORGAN, ESTOY INTENTANDO SACARTE LA LENGUA —le soltó Jodi—, PERO AQUÍ NO SÉ SI TENGO LENGUA.

Harper hizo un agujero en la pared de tierra. La luz del sol entró en el escondrijo.

—El sol ya ha salido —anunció Po—. DEBERÍAMOS IR A EXPLORAR.

—Estoy de acuerdo —dijo Harper—. Quiero ver todo lo que pueda. ¡Quiero averiguar qué hay por aquí!

—YO YA SÉ CÓMO FUNCIONA ESTE SITIO —afirmó Po—. **ES MÁGICO.**

Harper se giró hacia él. Iba a decirle que ella no creía en la magia, pero Po se había ido. Y lo había sustituido… ¡un mago!

—¿TÚ QUIÉN ERES? —le preguntó Harper—. **¿QUÉ HAS HECHO CON PO?**

El mago se echó a reír… con la voz de Po.

—SOY YO —contestó—. **SOLO HE CAMBIADO DE PIEL. ¡TACHÁN!** ¿Te enseño cómo?

—NO, GRACIAS —respondió Harper. Se miró los brazos y las manos—. Esto ya es bastante raro. Quiero seguir siendo… yo.

—COMO QUIERAS —dijo Po.

Harper salió por la estrecha entrada del refugio, y los demás la siguieron afuera. Subieron hasta lo alto de la colina. No veían gran cosa porque la colina estaba rodeada de árboles.

—¿QUÉ CAMINO DEBERÍAMOS TOMAR? —preguntó Morgan.

—SUPONGO QUE DA IGUAL —comentó Harper.

—EN EFECTO, OH, SABIA MUJER. —Po se rascó la barba de mago—. LA MAGIA RESIDE EN EL TRAYECTO, NO EN EL DESTINO.

—Po, ¿por qué hablas así? —Jodi se rio.

—¡ME ESTOY METIENDO EN EL PAPEL! —exclamó él.

—Chocaría los cinco contigo —dijo Jodi— pero… En fin, ya sabes…

—NO TENEMOS DEDOS —asintió Po.

—OJALÁ PUDIERA CREAR UNA BRÚJULA —intervino Harper—. Así podríamos encontrar el camino de vuelta. Pero no tengo los materiales.

—PODRÍAMOS RECOGER LA CAMA, LA MESA Y EL HORNO, Y MARCHAR-

NOS —propuso Morgan—. Con la cama, po-demos salir y volver cuando queramos.

—**LLEVÉMONOS TAMBIÉN LA AN-TORCHA** —dijo Harper—. Por si acaso.

—**ADIÓS, ESCONDRIJO** —se despidió Jodi—. **GRACIAS POR PROTEGERNOS DE LOS ZOMBIS.**

—**¡EN EFECTO!** —exclamó Po.

 Mientras caminaban, Harper cogió todo lo que pudo: tierra, flores, man-zanas… Sabía que cualquier cosa po-dría resultar útil más tarde.

—**¿POR QUÉ HACES ESO?** —le preguntó Jodi cuando Harper arrancó un brote.

—**ASÍ ES COMO SIEMPRE EMPIEZO UNA NUEVA PARTIDA** —contestó Har-per—. **REÚNO TODOS LOS RECURSOS POSIBLES.**

—**YO NUNCA HE JUGADO EN MODO SUPERVIVENCIA** —admitió Jodi—. En el creativo, empiezas con todo lo que necesitas.

Y tampoco debes pasarte la mitad del tiempo escondiéndote de los monstruos.

—**LLEGARÁ EL MOMENTO EN EL QUE PODAMOS CREAR ARMAS. Y ARMADURAS** —dijo Harper—. No tendremos que escondernos siempre.

—**PERO POR AHORA TENGAMOS CUIDADO** —les aconsejó Morgan—. Las criaturas más hostiles salen de noche, pero nunca se sabe…

—**Y NO SABEMOS SI ESTE SITIO FUNCIONA IGUAL QUE UNA PARTIDA NORMAL DE MINECRAFT** —añadió Harper—. **LA DOCTORA COMENTÓ QUE HABÍA ERRORES.**

Vio una flor morada que crecía debajo de un árbol. Estaba un poco alejada, así que corrió para recogerla, pero su mano la atravesó.

—**¿ES UN ERROR?** —le preguntó Jodi, que lo había visto todo.

—**NO** —respondió Harper—. **ES QUE TENGO EL INVENTARIO LLENO.** —Volvió para reencontrarse con los demás—. Es la primera lila que veo, pero no la necesitamos. Las flores solo sirven para fabricar tintes.

—PERO ¡QUIZÁ QUIERA UNA CAMA MORADA! —exclamó Jodi—. Morada de verdad.

—Y UNA BELLEZA TAN DELICADA ES UN PREMIO EN SÍ MISMO —añadió Po con su voz aduladora de mago.

—¿EH? —murmuró Jodi.

—HA DICHO QUE LAS FLORES SON BONITAS —se lo tradujo Harper.

—Ya la cojo yo —se ofreció Jodi—. TENGO MUCHO ESPACIO EN EL INVENTARIO.

Cuando Jodi se alejó hacia los árboles, Harper vio algo raro. Detrás de los árboles, en las sombras, se movían unas luces rojas. Casi parecían los frenos de un coche, pero allí no había coches.

—¡UNA ARAÑA! —gritó Harper—. JODI, NO TENGAS MIEDO.

Harper sabía que una araña no atacaría a no ser que la atacaran primero a ella. Por desgracia, Jodi no lo sabía.

Jodi entró en pánico. Le dio un puñetazo a la araña, que al encajar el golpe se encendió con una luz roja. Y clavó los ojos brillantes y rojos en ella.

—AHORA LA HAS LIADO —la regañó Morgan—. ¡A CORRER!

Jodi corrió, y la araña la siguió.

Morgan se dirigió hacia allí y le dio un golpe a la criatura en el abdomen.

La araña irradiaba luz roja y pasó los ojos hasta Morgan.

—¡HARPER! —chilló Morgan—. ¡NECESITAMOS UNA ESPADA!

—¡ESTOY EN ELLO! —gritó Harper. Hizo doble clic con los ojos para abrir el inventario. Era un desastre porque no había tenido tiempo de poner orden—. Necesito la mesa de trabajo —dijo mientras observaba todo lo que había recopilado—. ¡VALE! AHORA MISMO HAGO UNA ESPADA.

En cuanto colocó la mesa, seleccionó dos palos y un tablero de madera.

Clac.

No había fabricado una espada, sino una pala.

—¡UY! —exclamó—. ME HE EQUIVOCADO CON LA RECETA.

—¡ESO TAMBIÉN NOS IRÁ BIEN! —gritó Morgan—. ¡VOY HACIA TI!

Morgan se giró hacia ella. La araña le pisaba los talones.

—**PREPÁRATE** —le dijo. Morgan pasó por su lado. La araña iba tras él. Ella blandió la pala.

La araña se puso muy roja antes de caer de espaldas y desaparecer con una columna de humo pixelado.

—**UF** —susurró Morgan—. **SUERTE QUE AQUÍ NO NOS QUEDAMOS SIN ALIENTO.**

—¡Bien hecho, equipo! —los felicitó Po—. Quiero decir: **¡EL VÍNCULO DE LA AMISTAD VENCE HASTA AL MAL MÁS OSCURO!**

—¿Qué se le ha caído? —preguntó Jodi.

—**UN OJO DE ARAÑA** —se emocionó Harper—. **PUEDE QUE NOS RESULTE ÚTIL.** —Alargó un brazo, pero no pudo cogerlo—. **AY, ES VERDAD. SIGO CON EL INVENTARIO LLENO.**

—Quédate esa pala tan fantástica —le dijo Jodi—. **Y YO COGERÉ TODOS LOS MATERIALES QUE QUIERAS.** —Frunció el ceño al ver el ojo de araña—. **INCLUSO LOS MÁS REPUGNANTES.**

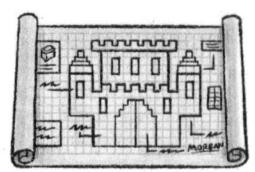

Capítulo 9

¡EXTRAER MATERIALES Y FABRICAR COSAS! DE ESO VA EL JUEGO

Po inspeccionó los árboles en busca de otros peligros. Todo estaba quieto y en silencio.

—**ESA ARAÑA POR POCO ME COGE** —dijo Morgan.

—**Y A MÍ** —añadió Jodi—. **PERO ¿QUÉ ME HABRÍA HECHO SI ME HUBIERA COGIDO?**

—No lo sabemos —contestó Harper—. **SI NOS QUEDAMOS SIN SALUD AQUÍ... ¿QUÉ NOS PASARÁ EN LA VIDA REAL?**

—Sé que te gusta aprender cosas nuevas, Harper —le dijo Po—, **PERO ESE ES UN**

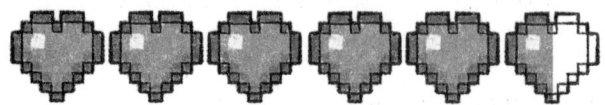

MISTERIO QUE PREFERIRÍA NO RE-
SOLVER.

—Ahora recuerdo cómo se fabrica una espada —repuso Harper—. A LO MEJOR
DEBERÍA HACER UNA. O CUATRO.

—O PODRÍAS CONSTRUIR VARIAS
HERRAMIENTAS DISTINTAS —comen-
tó Morgan señalando la pala—. ¿Sigues teniendo el pico?

—¿PARA QUÉ? —preguntó Po—.
¿LAS ESPADAS NO SON MEJORES
PARA LUCHAR CONTRA LOS MONS-
TRUOS?

—SÍ —respondió Morgan—, pero hay
otras herramientas mejores para excavar. Y
CREO QUE ES HORA DE QUE VAYA-
MOS BAJO TIERRA.

Al día siguiente en el instituto, durante la comida, comentaron el plan de Morgan.

—Hay que construir un refugio de verdad
—dijo—. Es la mejor manera de defendernos
de criaturas hostiles.

—Una sede central. Parece un proyecto divertido —se entusiasmó Po.

—No una sede central cualquiera —negó Morgan—. **Un castillo.**

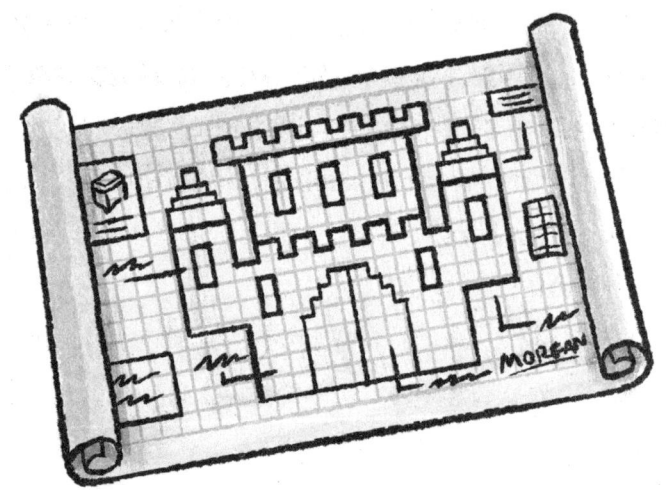

—Vamos a necesitar muchos materiales —dijo Harper.

—Pues sí. —Morgan asintió—. **He encontrado los planos en internet y una lista de los materiales.** Para empezar, necesitaremos ochocientos bloques de adoquines. Si encontramos arena, me gustaría poner cristales en las ventanas. —Hizo una pausa—. Un momento. **¿Dónde está Jodi?** Debía reunirse con nosotros.

Po fue el primero en verla. Caminaba hacia ellos con una bandeja de comida. Y Ash Kapoor la acompañaba.

—¡Hola, Ash! —la saludó Po a gritos. Quiso sonar educado…, pero también advertir a Morgan. **Obviamente, las gafas de la doctora eran un supersecreto.**

Morgan intentó guardar los planos, pero no fue demasiado sutil. Ash le lanzó una mirada divertida.

—Hola a todos —exclamó Ash—. Jodi me ha invitado a sentarme con vosotros. Espero que no os importe.

—Claro que no —dijo Harper.

—No hay problema —añadió Po. **Pero vio que Morgan fruncía el ceño.** Esperaba que Ash no lo viera; si no, no se sentiría bienvenida.

—Jodi, ¿lo habías olvidado? —**Morgan se removía en su asiento**—. Hoy teníamos que hablar de nuestro… proyecto.

—Anda, ¿qué tipo de proyecto? —se interesó Ash—. ¿Para el insti? A lo mejor os puedo ayudar.

—No, es… —Morgan dudó—. Es un proyecto secreto para después de clase.

—Ah. Vale —dijo Ash. Jodi y ella seguían de pie, con las bandejas en las manos. En el grupo se hizo un silencio incómodo.

Jodi puso los ojos en blanco.

—Vale —accedió—. Seguid con la reunión. Ash y yo nos sentaremos allí y disfrutaremos de la comida. Cuando os canséis de susurrar secretos que no tienen por qué ser secretos, venid si queréis.

Jodi se marchó y Ash la siguió. Morgan puso los ojos en blanco. **Po pensó que hacer cosas por sorpresa debía de ser algo de familia.**

—Jodi tiene razón —dijo Po—. No hace falta que guardemos el secreto. Tenemos dos gafas extras, ¿os acordáis?

—Cuanta más gente sabe un secreto, **menos secreto es.** —Morgan negó con la cabeza—. Y si los adultos descubren que tenemos un portal mágico para entrar en el mundo real de Minecraft, seguro que quieren quitár-noslo.

—No es magia —insistió Harper—. Es ciencia.

—**Lo que sea. Sigo pensando que de-beríamos guardar el secreto un poco más** —dijo Morgan—. ¿Trato hecho?

Po y Harper se miraron a los ojos. Estaban menos convencidos, pero accedieron.

—Trato hecho.

—Estupendo —repuso Morgan. Sacó los planos de nuevo—. **Ahora tracemos un plan para esta noche.**

Capítulo 10

¡DEMASIADAS CABEZAS PENSANTES! ¡DEMASIADOS POCOS ADOQUINES!

—¿**QUIÉN HA COGIDO TODA LA OBSIDIANA?** —preguntó Jodi. La había guardado en su baúl del tesoro, pero el baúl estaba vacío.

—**YO NO** —contestó Harper.

—**A MÍ NO ME MIRES** —dijo Morgan.

—**¿PO?** —preguntó Jodi.

—**TODAVÍA NO HA VENIDO** —respondió Morgan. Parecía irritarle que Po llegase tarde.

Llevaban toda la semana trabajando en el castillo. No pintaba bien.

—Un momento —dijo Morgan—. **¿PARA QUÉ NECESITAS OBSIDIANA?** En los planos no aparece obsidiana.

—**PERO ES MUY BONITA** —comentó Jodi—. Y no tenemos suficientes adoquines.

Pensé que podríamos sustituir unos cuantos por obsidianas. Podríamos tener una torre brillante y negra. —Cerró los ojos y se la imaginó—. ¡Uh, una torre negra con diamantes como estrellas resplandecientes! **Y LE PONEMOS DE NOMBRE LA TORRE DE LA NOCHE.**

—NO TENEMOS TIEMPO PARA ESAS COSAS —protestó Morgan, que dio un brinco, frustrado—. **SIGUE LOS PLANOS, JODI.**

—No recuerdo los planos. —Y era verdad, por lo menos en parte.

Había un gran problema con el plan de Morgan: no podían meter los planos en el juego. Todos intentaban memorizarlos, pero recordaban los detalles un poco distintos.

—HARPER, ¿EN QUÉ ESTÁS TÚ? —le preguntó Morgan.

Había esparcido polvo de redstone por el suelo.

—ESTOY CREANDO UN INTERRUPTOR PARA LA PUERTA —contestó.

—¿Un interruptor? —se extrañó Morgan—. **¡ES UNA PUERTA! NO TIENE QUE SER COMPLICADA.**

—PERO ES QUE ASÍ QUEDARÁ MEJOR —argumentó Harper.

—SUPONGO QUE TÚ TAMPOCO RECUERDAS LOS PLANOS, ¿NO? —resopló Morgan.

—Uy, y tanto que sí —dijo Harper—. **PERO LOS ESTOY MEJORANDO.**

Se oyó un fuerte chasquido, y Po apareció cerca de ellos. Por lo menos Jodi supuso que era Po. Ese día había elegido una piel que le daba aspecto de albañil de obra.

—¡Hola! —exclamó—. ¿Qué me he perdido?

—A MORGAN LE ESTÁ DANDO ALGO —respondió Jodi.

—¿Dónde te habías metido, Po? —le preguntó Morgan.

—YA OS DIJE QUE TENÍA ENTRENAMIENTO DE BALONCESTO —contestó Po—. **HE VENIDO LO MÁS RÁPIDO POSIBLE.** —Se dio una palmada en la frente—. Pero he olvidado echar un vistazo a los planos. No sé qué me toca construir hoy.

—CONCENTRÉMONOS EN EXTRAER MATERIALES —propuso Morgan—, ¿vale? Necesitamos muchos más adoquines para terminar el castillo. —Señaló hacia la construcción. Por el momento, tenían dos torres grises. Iban a ser las torrecillas del castillo.

—¿LA NUEVA TORRECILLA ES MÁS BAJITA QUE LA OTRA? —preguntó Po—. ¿Es así a propósito?

Morgan suspiró.

—QUIZÁ UN CASTILLO ES UN PRIMER PROYECTO DEMASIADO DIFÍCIL —opinó Harper—. Tenemos adoquines de sobra para construir una bonita cabaña.

—NO PIENSO ADMITIR UNA DERROTA —aseguró Morgan—. **AQUÍ NO, EN MI-**

NECRAFT NO. SE SUPONE QUE ESTE JUEGO SE ME DA BIEN.

A Jodi le daba lástima su hermano. Se había empeñado en construir un castillo, así que ella lo ayudaría a construirlo. (Aunque él no se mereciese su ayuda).

—VALE —dijo—. VAMOS A EXCAVAR PARA BUSCAR PIEDRAS. —Levantó el pico y lo bajó para golpear el suelo bajo sus pies.

—¡NO, ESPERA! —gritó Morgan, pero fue demasiado tarde.

El pico se clavó en el suelo. Y debajo no había nada. Tan solo espacio negro.

Jodi se cayó.

Todos gritaron su nombre. Jodi también chilló, pero durante poco tiempo. Solo se desplomó la altura de cuatro bloques antes de aterrizar sobre tierra firme.

—¡ESTOY BIEN! —exclamó.

—¿En qué estabas pensando? —le soltó Morgan. Ella lo veía desde abajo, asomado al agujero—. NUNCA HAY QUE EXCAVAR A SACO. ¡ES LA PRIMERA REGLA DE MINECRAFT!

—Pensaba que en Minecraft no había reglas —protestó Jodi—. **Y, ADEMÁS, EN EL MODO CREATIVO SE PUEDE VOLAR.** Por eso no suele darme problemas.

—¿EN EL MODO CREATIVO SE PUEDE VOLAR? —preguntó Po—. Vaya, pues ese modo suena cada vez mejor.

—PUEDES SALIR DE AHÍ SOLA, JODI —gritó Harper—. **SALTA Y COLOCA UN BLOQUE DE TIERRA BAJO TUS PIES.**

Jodi hizo lo que Harper le indicaba. No tardó demasiado en llegar al nivel del suelo. Pero para entonces vio que el sol se estaba poniendo en el cielo.

—CHICOS, HEMOS PERDIDO LA NOCIÓN DEL TIEMPO. PRONTO ANOCHECERÁ.

—Y seguimos sin estar preparados para luchar contra cualquier criatura malvada que aparezca —añadió Morgan—. **MÁS VALE QUE VAYAMOS DENTRO.**

Entraron en la torre más cercana. Estaba en parte construida en una colina, así que la mitad se encontraba bajo tierra. De ahí que por dentro pareciera más grande que desde fuera. Unas escaleras sinuosas subían hasta las plantas superiores con ventanas.

—**¿DÓNDE ESTÁN LAS CAMAS?** —preguntó Po mirando por la enorme sala subterránea.

—**LAS HEMOS PUESTO EN LA OTRA TORRE** —replicó Jodi tan contenta.

—**SE SUPONE QUE HAY UN PASADIZO QUE CONECTA LAS TORRES** —les recordó Morgan—. **ASÍ PODREMOS IR DE UNA A LA OTRA.**

—**UY** —dijo Harper—. Pensaba que era demasiado aburrido. Iba a crear una vagoneta motorizada en su lugar, pero no he tenido tiempo.

Jodi acercó el oído a la puerta.

—No oigo nada. Podríamos correr hasta la otra torre.

—**NO, ES DEMASIADO ARRIESGADO** —negó Morgan—. **HAGAMOS UN TÚNEL.**

Harper señaló hacia la pared del fondo.

—**EL PASILLO SE SUPONE QUE VA POR AHÍ.**

Morgan echó a caminar en dirección contraria.

—Creo que por aquí será más directo.

—NO CREO QUE DEBAMOS HACER UN TÚNEL EN LA PARED —comentó Harper.

—Sí, ¿por ahí no iremos colina abajo? —le preguntó Po a Morgan—. ¿Y si al otro lado hay un pozo de mina repleto de criaturas?

—NO NOS PASARÁ NADA —les aseguró Morgan.

Po y Harper se miraron con cara un poco agria. Jodi sabía lo que estaban pensando. Era como si estuvieran repitiendo su proyecto científico del instituto.

Morgan levantó el pico. Apartó dos adoquines y la tierra que había debajo.

De repente, empezó a entrar agua por el agujero.

Todos gritaron cuando la inundación los empujó hacia la pared. La torre enseguida comenzó a llenarse de agua.

—¡SEGUID NADANDO! —chilló Morgan—. **¡NO SUMERJÁIS LA CABEZA!**

Todos nadaron hacia las escaleras y empezaron a subirlas. Consiguieron mantenerse por encima del agua hasta que llegaron arriba, donde Harper rompió el techo con el pico. Salieron por el agujero que había hecho.

En cuanto estuvieron a salvo en el tejado, Harper suspiró.

—CREO QUE TENDREMOS QUE CONSTRUIR UN PUENTE HACIA LA OTRA TORRE. Ojalá tengamos suficientes materiales.

Jodi llevó aparte a Morgan.

—¡MENUDO DESASTRE! No dejas de insistir en que te sigamos. Pero cuando tus compañeros te dicen que no hagas algo, ¡lo haces igualmente! ¿Y si hubiera habido lava en lugar de agua?

—Llevas razón. —Morgan frunció el ceño—. Hemos tenido suerte. Está siendo un auténtico desastre.

—POR SUERTE, TENGO EN MENTE UNA SOLUCIÓN —dijo Jodi—. Y SE LLAMA ASH.

—¿ASH? —Jodi asintió.

—¿RECUERDAS SU CASA DEL ÁRBOL? La construyeron un montón de explo-

radores. Ash se aseguró de que todas las piezas encajaran. Si pudo hacer eso, podrá ayudarnos a los cuatro a armar un castillo.

—NO CREO QUE NECESITE-MOS SU AYUDA —protestó Morgan.

—PUES YO SÍ. Y SEGURO QUE, SI VO-TAMOS, SERÍAMOS TRES CONTRA UNO.

Morgan se giró para observar a Harper y a Po. Estaban construyendo un puente sencillo hasta la otra torre. Si se equivocaban, se caerían al suelo. A esa altura, a saber lo que les pasaría al precipitarse. **Jodi no tenía prisa por descubrir qué significaba quedarse sin salud en esa versión del juego.**

Sabía exactamente lo que estaba pensando su hermano. Él no quería sumar a Ash a su club secreto. Pero Morgan también entendía que no había nada más importante que la seguridad de sus amigos.

—DE ACUERDO —suspiró Morgan—. LE PEDIRÉ AYUDA A ASH.

Capítulo 11

DON MOFLETITOS HA DESAPARECIDO. ¡Y NO ME COGE EL TELÉFONO!

Morgan se pasó el trayecto hasta casa de Ash refunfuñando, pero una promesa era una promesa. Iba a preguntarle si quería unirse al grupo para jugar a Minecraft. Dejaría a un lado los detalles chulísimos y posiblemente sobrenaturales. Con un poco de suerte, el grupo de exploradores salvajes locales mantendría a Ash demasiado ocupada como para hacer otra actividad extraescolar.

Llamó al timbre. Esperó solo cinco segundos antes de decidir que no había nadie en casa. Se giró para marcharse.

Pero entonces la puerta se abrió un poco. Ash lo miraba desde el otro lado.

Estaba… extraña.

Llevaba el pelo despeinado y pelusas pegadas a la ropa. Tenía un brillo histérico en los ojos.

—¡Morgan! —exclamó—. ¿Qué haces aquí? ¿Quién te ha enviado? ¿Qué sabes?

—Eh… ¿Nada? —dijo él—. ¿**Te encuentras bien?**

Ash no contestó. Le temblaba el labio inferior.

—Ash, ¿qué pasa?

—Si te lo cuento, ¿me prometes no ponerte histérico?

—¿Por qué iba a ponerme histérico? —Morgan no entendía nada.

—Porque lo he perdido —respondió Ash.

—¿A quién?

—**¡Don Mofletitos se ha escapado!** —gritó Ash. Soltó un fuerte suspiro, como si al habérselo contado a alguien se hubiera quitado un peso de encima.

Morgan ahogó un grito al enterarse.

—Lo siento mucho —dijo Ash—. Sé lo mucho que te importa Don Mofletitos. Voy a encontrarlo. Estoy decidida.

—Deja que te ayude —se ofreció Morgan.

Ash se lo quedó mirando con cara suspicaz.

—¿De verdad? —le preguntó al fin.

—Pues claro —repuso Morgan—. **Cuatro ojos ven más que dos.**

—Pero pensaba que me odiabas. —Ash abrió la puerta del todo.

Morgan volvió a ahogar un grito. «Odiar» era una palabra muy fea. Él nunca había odiado a nadie.

—¿Por qué pensabas eso? —le preguntó.

—No he dejado de intentar demostrarte que tenemos muchas cosas en común. —Ash se encogió de hombros—. Los animales, Minecraft. Y a los dos nos gusta estar con Jodi. Pero parece que nunca me quieras cerca.

Morgan se sentía fatal. Sabía que no le había dado una gran bienvenida, **pero no había pretendido que Ash se sintiera mal.**

Se sentía culpable sobre todo porque ella se había esforzado muchísimo por conectar con él. Morgan pensaba que Ash intentaba ocupar su sitio, alardear y ser mejor que él en las cosas que tanto adoraba. **Pero Ash solo quería ser amiga suya.**

—Ash, siento mucho haber hecho que te sientas así —se disculpó—. Llevas razón. **Tenemos muchas cosas en común.** Y los dos queremos que Don Mofletitos esté bien. —Le tendió una mano—. ¿Qué me dices? **¿Compañeros cazahámsteres?**

Ash sonrió y le estrechó la mano.

—Compañeros —le dijo. La sonrisa le desapareció de la cara—. Pero he buscado por todas partes. ¿Dónde podría estar?

Ponerse en la piel de Ash había ayudado a Morgan a darse cuenta de que le había hecho daño. Quizá iría bien usar una técnica similar con el roedor.

—**Tenemos que pensar como un hámster** —propuso—. Si fueras un hámster…, ¿a dónde querrías ir si te escaparas? —Morgan se dio golpecitos en la barbilla—. A los hámsteres les encanta comer…

—Ya he mirado en la cocina, incluidos todos los armarios —le dijo Ash—. Y mis padres no permiten que haya comida en ningún otro sitio de la casa.

—A lo mejor tenía sed —sugirió Morgan.

—En la jaula tiene el agua hasta arriba. —Ash negó con la cabeza—. Ya he mirado en el baño. Incluso he echado un ojo a las cañerías del sótano por si hubiera algún escape.

—**Al hámster le gusta divertirse** —dijo Morgan—. Le construí una especie de gimnasio para que jugase cuando me lo llevo a casa los fines de semana.

—Yo no tengo nada parecido a un gimnasio para hámsteres. —Ash se puso seria. Enseguida se le iluminaron los ojos—. **¡Un momento!** ¡Sí que tengo algo parecido! Sígueme.

Morgan siguió a Ash por la casa. Todos los cojines estaban en el suelo y las sillas estaban volcadas. Obviamente, Ash había buscado al hámster por todos lados.

Menos en el patio trasero.

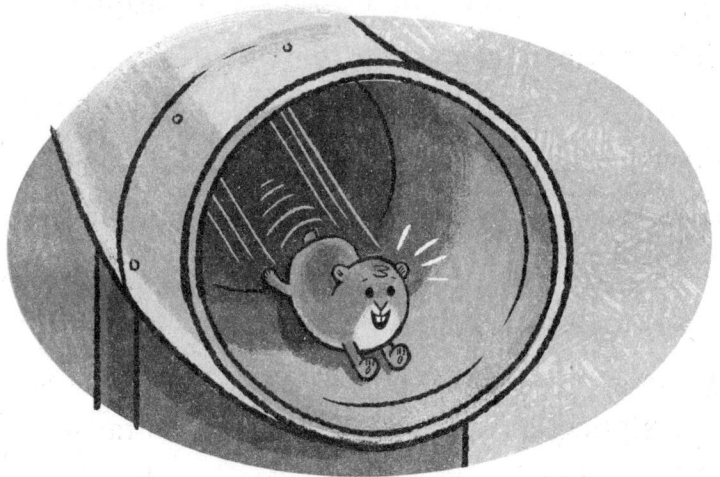

Ash abrió la puerta de atrás. A Morgan lo sorprendió de nuevo lo chula que era la casa del árbol. ¡Pues claro que Don Mofletitos había ido hasta allí! Era un patio gigantesco y perfecto para un hámster tan activo como él.

De reojo, Morgan vio un destello de pelaje marrón anaranjado en el piso de arriba.

—**¡Allí!** —exclamó señalándolo. Pero el hámster era demasiado veloz. Lo perdió de vista.

—¡No, por allí! —dijo Ash—. ¡Está encima del tobogán!

Don Mofletitos apareció deslizándose. **La bolita de pelo bajó por el tobogán,** con las piernas extendidas y los ojos muy abiertos. Morgan no sabía si el hámster estaba aterrado o pasando el mejor rato de su vida. Quizá las dos cosas.

En cuanto el hámster llegó al final, se giró y trepó para volver a bajar. **Hizo ruidos con las uñitas al subir hasta arriba.**

Ash se echó a reír. Al principio, fue una risilla. De pronto, se rio por la nariz.

Y fue la perdición de Morgan. Entre las risotadas de Ash y la imagen del hámster bajando de nuevo por el tobogán, esa vez de espaldas, no pudo contener la carcajada. Le brotó como una explosión de bicarbonato de sodio y vinagre de un volcán atiborrado.

Cuando las risas se calmaron, Morgan se enjugó las lágrimas de los ojos.

—¿Estás libre el lunes después de clase? —le preguntó.

—Claro —contestó Ash enjugándose los ojos—. ¿Por?

—Jodi y yo queremos pasar la tarde contigo —le contestó—. Po y Harper también. —Le sonrió—. Y si te gusta Minecraft, te encantará lo que te vamos a enseñar.

Capítulo 12

¡LA REAPARICIÓN DE ASH!
¡UN AVATAR DE EXPLORACIÓN!
¡UN HERALDO DE
LA COLABORACIÓN!
¡UNA NOVATA ESPECTACULAR!

Ash estaba ligeramente nerviosa al dirigirse al aula de informática. **Morgan no le había contado gran cosa** de lo que iba a encontrar. Y cuando se lo había preguntado a Jodi durante el recreo, su amiga puso cara de estar a punto de explotar.

—¡No te lo puedo decir! —le había susurrado Jodi en alto—. O sea, ¡sí puedo! **Ya no es ningún secreto.** Pero ¡molará mucho más que lo veas por ti misma!

Pero ¿y si Morgan había cambiado de opinión? ¿Y si al final había decidido que no quería tener a Ash en el grupo?

Las preocupaciones de Ash se esfumaron en cuanto entró en la sala. Morgan le dio la bienvenida. Y no solo Morgan. Jodi, Harper y Po se alegraron mucho de verla. Incluso la señorita Minerva la saludó desde el otro lado de las ventanas de su despacho.

—**Estamos muy contentos de que hayas venido, Ash** —le dijo Harper.

—¡Sí! —exclamó Jodi—. Morgan, ¿quieres enseñarle los planos?

Morgan se sacó una enorme hoja de papel de la mochila con la silueta de un castillo. Había tomado un montón de notas a mano y había una especie de instrucciones por el papel.

Morgan se lo quedó mirando durante un rato. Al poco tomó una decisión.

Arrugó la hoja.

—¿Sabéis qué? —les dijo—. Vamos a improvisar.

—¡Hala! —replicó Jodi—. ¿En serio?

—¿Improvisar? —repitió Ash—. ¿El qué? ¿Para qué son los planos?

Po giró la silla de ruedas hacia ella.

—Formamos una especie de club de Minecraft extraescolar. Nuestro primer proyecto juntos es construir un castillo.

—Pensaba que la mejor manera de hacerlo sería seguir un diseño —la informó Morgan—. Me gusta tener instrucciones que seguir. Pero a veces olvido que no todo el mundo opina como yo.

—Un proyecto de construcción debería ser divertido —terció Po.

—Y desafiante —dijo Harper—. Preferiría hacer algo nuevo. **Algo ingenioso.**

—Y yo quiero que sea brutal —añadió Jodi—. Como una obra de arte.

—Vale. —Ash se rascó la barbilla. Asintió y caminó de un lado a otro—. Todos queréis hacer un castillo. **No os ponéis de acuerdo... en todo lo demás.**

—¿Es un caso perdido? —Morgan tragó saliva—. ¿Deberíamos hacer cuatro castillos separados?

Ash dejó de caminar.

—Que sea desafiante no significa que sea un caso perdido —contestó—.

Mi grupo de exploradores pasó por lo mismo al construir la casa del árbol.

—¿De verdad? —preguntó Po—. Pero tu casa del árbol terminó siendo una pasada.

—**Y la construimos con unos planos,** pero también dejando que cada cual utilizara su personalidad y sus habilidades en sus tareas —dijo Ash—. Aunque eso significara que el producto final fuese un tanto atípico.

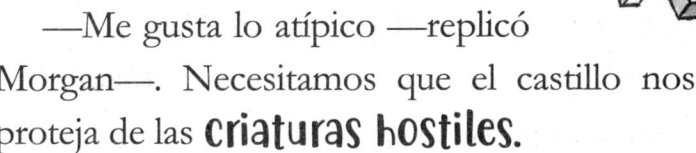

—Me gusta lo atípico —replicó Morgan—. Necesitamos que el castillo nos proteja de las **criaturas hostiles.**

—Seguro. Ingenioso. Divertido. Y brutal. —Ash asintió—. No hay problema. —Sonrió—. Debemos trabajar en equipo. Pero os contaré un secreto: **los mejores equipos te permiten ser fiel a ti mismo.**

—¡Me gusta! —exclamó Jodi—. Un equipo de distintas personalidades.

Morgan miró por la ventana del despacho, donde la señorita Minerva estaba leyendo una novela de fantasía y bebiendo una taza de café.

—Un equipo curioso —murmuró—. **Pero probaré a hacer las cosas a tu manera, Ash.**

Harper le dio una palmada en el hombro.

—Está aprendiendo —dijo, y todos se rieron.

—¿Nos ponemos ya? —propuso Ash—. ¿Qué ordenador queréis que utilice?

—Uy —exclamó Po—. Casi lo había olvidado. **¡Esta es la mejor parte de todas!** —Compartió una sonrisa con los demás. Ash no sabía cómo debía reaccionar.

Po cogió unas gafas de un gancho de la pared. A Ash le parecieron un poco raras; era de tecnología punta, pero también un tanto sobrenaturales. Brillaban, a pesar de no estar conectadas a nada. Po se las tendió.

—¿**Preparada para probarlas?** —le preguntó sin dejar de sonreír.

—No tengo ni idea —respondió Ash.

—Haznos caso —intervino Jodi—. Estás preparada.

—**Bienvenida a Minecraft** —anunció Po.

—Vale… —repuso Ash, confundida.

—Las gafas de realidad virtual harán que sea un poco distinto al Minecraft al que estás acostumbrada —le explicó Morgan con una sonrisa de oreja a oreja.

—Superdistinto —añadió Po. Meneó las cejas y se puso el casco.

—Muy bien, Ash. —Morgan se rio—. Hora de dar una vuelta con las gafas de realidad virtual.

Ash asintió y se puso el casco.

Todo se volvió negro de pronto, y después hubo un destello de luz.

Y de repente el mundo de Minecraft se extendía delante de ella.

Y encima de ella.

Y debajo de ella.

—¿CÓMO?—exclamó, asombrada—. **¿QUÉ... QUÉ ES ESTO?**

Jodi apareció a su lado con un chasquido. Era una versión extraña de Jodi hecha con bloques, como si se hubiera transformado en un personaje de Minecraft. Pero era ella, estaba claro.

—NO TE PREOCUPES —le dijo—. AL PRINCIPIO PARECE RARO, PERO ES QUE ES RARO.

—Estamos aquí contigo —la tranquilizó Harper.

—Sí, MILADY, NO TENÉIS NADA QUE TEMER —dijo un caballero de brillante armadura.

Ash se echó a reír. A pesar del casco que le ocultaba la cara, sabía que era Po.

—¿A QUE ES CHULO? —le preguntó Morgan—. ¿A QUE SÍ?

—ES UNA PASADA —contestó Ash—. Es precioso. —Señaló hacia dos torres—.

AUNQUE ESE CASTILLO DA UN POCO DE PENA.

Todos rompieron a reír.

—Ya —dijo Morgan—. ESPERAMOS QUE NOS PUEDAS AYUDAR.

Ash se acercó a una de las torres de bloques.

—DEBERÍA INSPECCIONARLO DE CERCA —dijo. Alargó el brazo hacia la puerta.

—¡NO, ESPERA! —gritó Morgan.

Pero la advertencia de Morgan llegó demasiado tarde. De la puerta surgió una riada. Ash chilló, sorprendida. El agua la empujó varios bloques hacia atrás.

Cuando la conmoción inicial quedó atrás, Ash dio un tambaleante paso hacia el grupo.

—¿ES ALGO NORMAL?

—AQUÍ NO HAY NADA QUE SEA NORMAL —le anunció Morgan—. PERO NO TE PREOCUPES. ENSEGUIDA TE ACOSTUMBRARÁS.

Capítulo 13

¡TU HOGAR ES EL CASTILLO! ¡EL CASTILLO ES TU HOGAR!

Jodi había tenido razón. Con la ayuda de Ash, por fin pudieron avanzar con el castillo. Y lo más importante: fue un proceso muy divertido.

Se pasaron los primeros días **construyendo un pozo de mina.** Todos se pusieron nerviosos, pero Ash insistió en que ne-

cesitaban más materiales con los que trabajar. Les recordó que debían ir con cuidado.

Se pusieron a excavar. Colocaron antorchas cada pocos cuadrados. También pusieron puertas por si debían retirarse a toda prisa. Así cualquier criatura peligrosa que encontraran no podría seguirlos hasta la superficie.

Oyeron varios ruidos raros en las profundidades. Esos ruidos eran **la prueba de que bajo tierra había criaturas hostiles.** Siempre que oían algo, levantaban un muro de tierra, se giraban y excavaban en otra dirección. Todos tenían una espada, pero como dijo Ash: ¿para qué luchar si no era necesario?

Era una buena estrategia. Les permitía llevar muchos más materiales de construcción hacia la superficie. Y así discutirían menos sobre quién podía usar qué material.

A lo largo de la semana siguiente, Harper se puso loquísima con las pequeñas cantidades de redstone que encontraron. **Construyó un interruptor para la puerta principal** y también una sencilla trampilla por si alguna criatura indeseada atravesaba la fosa.

Po utilizó todas las flores que habían recogido. Las colocó por todo el castillo: en la muralla exterior, en el patio interior, **incluso en cajitas de flores en las torrecillas.**

Morgan estaba a cargo de las cuatro torrecillas principales. Las construyó idénticas, pero dejó que Jodi pusiera diferentes ventanas de cristal esmerilado en cada una.

También hicieron una quinta torre. Era de obsidiana y se levantaba en el centro de la fortaleza. Era obra de Jodi. Mientras que las to-

rrecillas del castillo eran rectas, esa torre se re-
torcía como una espiral. En lo alto había una
enorme plataforma para observar las estrellas.
**La plataforma estaba rodeada de
arcos decorativos.** Era muy rara, sí, pero Jodi pensaba que también era muy bonita.

Cuando le estaba dando los últimos reto-
ques, se le ocurrió una idea.

—¿HEMOS LLEGADO A DESCUBRIR
QUÉ PASÓ CON EL BAÚL LLENO DE
OBSIDIANA? —preguntó.

—Pensaba que lo había cogido Po —dijo
Morgan.

—¡MAL CABALLERO SERÍA SI ME
ALEJARA TANTO DE LAS NORMAS DE
LA CABALLEROSIDAD! —respondió Po.

—¿QUÉ?

—Dice que no lo cogió él —tradujo Harper.

—QUÉ RARO —murmuró Jodi. Se preguntó si finalmente habían encontrado uno de
los errores que les había comentado la doctora. Esperaba que la obsidiana no fuera el error.
¿Y si su torre de obsidiana desaparecía un día
de esos?

Después de casi dos semanas de progresos diarios, **a Jodi solo le quedaba terminar una tarea.** Era algo en lo que Ash y ella habían trabajado en secreto.

Un día, cuando los demás estaban en el pozo de mina, Ash llevó aparte a Jodi.

—Ya está listo —le dijo.

Se escabulleron hacia una extensión de tierra escondida. Era **una zona soleada** al otro lado de una colina, justo delante de un lago. Los demás no la veían desde el castillo. Por eso era el lugar perfecto para un jardín secreto. Unos días antes, Ash y Jodi habían plantado semillas de trigo.

–¡TIENES RAZÓN! —exclamó Jodi—. **EL TRIGO ESTÁ LISTO PARA LA COSECHA.**

Pero el trigo no era la sorpresa que tenían en mente.

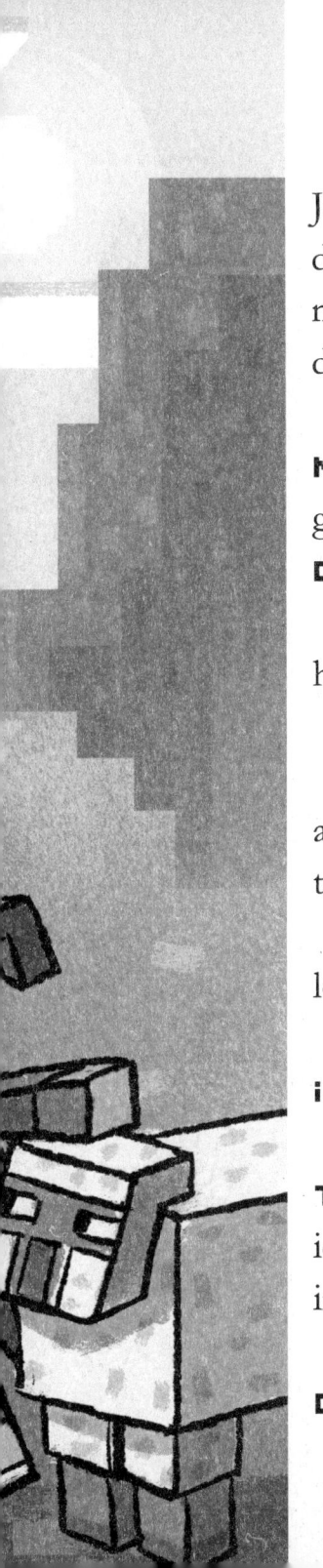

Jodi y Ash esperaban en lo alto de una colina. Vieron de lejos cómo Morgan y los demás salían del pozo de mina.

—¿DÓNDE OS HABÍAIS METIDO? —les preguntó Morgan—. ¡HEMOS ENCONTRADO COSAS CHULÍSIMAS!

—¿Preparada? —Jodi se giró hacia Ash. Ella asintió.

—SÍ.

Bajaron la colina en dirección a los demás. Cada una llevaba un tallo de trigo.

Dos ovejas les pisaban los talones.

—¡HALA! —exclamó Po—. ¡OVEJAS!

—ESTÁN SIGUIENDO EL TRIGO —dijo Harper—. ¡Una idea brillante! No tendremos que ir más por ahí a buscar lana.

—Y ASÍ MORGAN TENDRÁ MASCOTAS QUE CUI-

DAR CUANDO ESTEMOS AQUÍ —dijo Jodi al acercarse al grupo.

Ash le tendió a Morgan el trigo.

—SABEMOS QUE ADORAS A LOS ANIMALES.

—QUÉ PASADA. —Morgan estaba eufórico—. **¡SON MUY MONAS!**

Jodi también le tendió el trigo que llevaba.

—ES MI FORMA DE DARTE LAS GRACIAS POR SER UN BUEN HERMANO. Uno de esos que escuchan a sus hermanas pequeñas. A veces —añadió.

—Y YO QUERÍA DARTE LAS GRACIAS POR SER MI AMIGO —terció Ash—. Aunque hayas tardado un poco en aceptarme.

—GRACIAS —les dijo Morgan—. **A LAS DOS. ME ENCANTAN. LAS VOY A LLAMAR BELLA Y BIP.** —Las ovejas balaron. Se acercaron a Morgan. Los ojos pixelados de las dos estaban clavados en el trigo que sostenía—. **MMM, A LO MEJOR DEBERÍAMOS CONSTRUIR UNA VALLA CUANTO ANTES.**

Capítulo 14

¡UNA CLARA ADVERTENCIA! ¡UNA PROMESA DE PELIGRO EN LOS DÍAS QUE VENDRÁN!

A Morgan le encantaba tener a las ovejas en el castillo. Bella y Bip eran la incorporación perfecta a su hogar lejos de casa. Y nunca habría pensado en criar ovejas. **No había animales en los planos** que había estado tan empeñado en seguir a rajatabla.

Cada vez que veía a los animales, estaba agradecido a sus amigos y a su hermana.

Él también hizo algo para los demás. Una última decoración para el castillo.

—¡TACHÁN! —exclamó al enseñarles el regalo. Era un pico de madera enmarcado. Lo colgó en la pared.

—¡Un pico espléndido, mi señor! —dijo Po.

—No soy tu señor —refunfuñó Morgan—. Y NO ES UN PICO CUALQUIERA. ES EL PRIMER PICO QUE CONSTRUYÓ HARPER. LA PRIMERA HERRAMIENTA QUE HICIMOS AQUÍ el primer día que llegamos al juego.

—ES PERFECTO —comentó Harper.

—¿YA ESTÁ? —preguntó Jodi—. ¿HEMOS TERMINADO DE VERDAD?

—Lo único que nos queda es admirar las vistas desde lo alto de la torre de la noche. —Ash sonrió—. ¡OS ECHO UNA CARRERA!

Todos corrieron tanto como pudieron hacia la torre y no dejaron de reír en ningún momento.

Sí que eran una vistas increíbles. Incluso mejores que las que ofrecía la casa del árbol de Ash. Morgan recordó las iniciales talladas en la barandilla: QAV.

—A TU AMIGA QUINN LE ENCANTARÍA ESTAR AQUÍ —le dijo a Ash.

—La verdad es que sí —respondió Ash—. QUIZÁ ALGÚN DÍA PUEDA VENIR. PERO AHORA ESTOY CONTENTA DE ESTAR AQUÍ CON MIS NUEVOS AMIGOS.

—Nosotros también estamos contentos —le aseguró Jodi.

—Supercontentos —dijo Harper.

—¡EN EFECTO! —exclamó Po.

Morgan asintió para mostrarse de acuerdo. Pero cuando miró a lo lejos, vio algo que parecía fuera de lugar.

—¿QUÉ ES ESO? —preguntó.

Todos miraron hacia donde señalaba. Entre los árboles más alejados había algo negro que brillaba muchísimo.

—Desde aquí no lo sé —dijo Harper—. HAY QUE SUBIR MÁS.

Todos sacaron bloques de los inventarios.

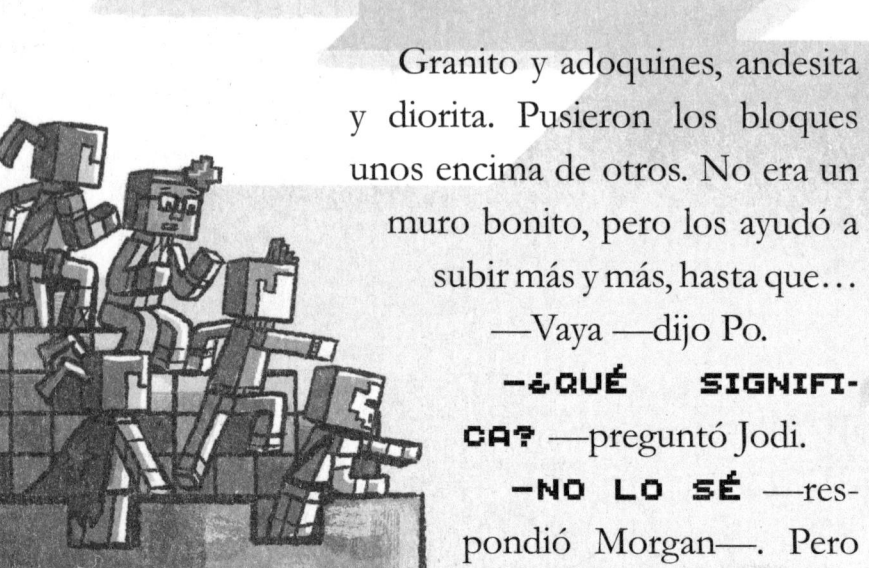

Granito y adoquines, andesita y diorita. Pusieron los bloques unos encima de otros. No era un muro bonito, pero los ayudó a subir más y más, hasta que…

—Vaya —dijo Po.

—**¿QUÉ SIGNIFICA?** —preguntó Jodi.

—**NO LO SÉ** —respondió Morgan—. Pero me está poniendo de los nervios.

Morgan sabía que en su forma de avatar no tenía columna vertebral. Sabía que no podía notar la temperatura. A pesar de todo eso, sintió un escalofrío en la columna.

A lo lejos, escritas con enormes letras de oscura obsidiana, había **una advertencia.**

Capítulo 15

¡SABER CONTAR HASTA SEIS ES MUY IMPORTANTE AL FINAL DEL LIBRO!

—Nunca había visto nada parecido —susurró Ash **cuando regresaron del juego.** Se había quitado las gafas y las había colgado del gancho. Estaban en el aula de in-

formática, y la señorita Minerva leía un libro en su despacho del rincón.

—Pero alguien debe de haberlo dejado para nosotros —dijo Harper—. **Era una advertencia.**

—O una amenaza —intervino Po.

—Eso explica qué pasó con toda mi obsidiana —dedujo Jodi.

—Pero… pero eso significa… —Morgan titubeó.

—Significa que otra persona estaba ahí con nosotros. ¡Y nos ha vigilado todo el tiempo que hemos pasado en el juego!

—Pero ¿cómo? —preguntó Jodi.

—Una cosa, chicos —dijo Ash—. **¿No había seis gafas?**

Señaló hacia la pared. Unas horas antes, allí había un sexto equipo.

Pero había desaparecido. Los amigos se miraron unos a otros. **Alguien había cogido las gafas.**

Todos se observaron muy sorprendidos y preocupados. Enseguida entendieron lo que significaba. **¡No eran los únicos que podían entrar en el mundo de Minecraft!**